dtv

Stefan aus dem Siepen

Aufzeichnungen eines
KÄFER SAMMLERS

Unzeitgemäße Erzählungen

dtv

Von Stefan aus dem Siepen sind
bei dtv außerdem erschienen:
Die Entzifferung der Schmetterlinge (14208)
Das Seil (14345)
Luftschiff (14513)
Der Riese (26025)
Das Buch der Zumutungen (28061)

Ausführliche Informationen über
unsere Autoren und Bücher
www.dtv.de

2018
Originalausgabe
dtv Verlagsgesellschaft mbH & Co. KG, München
© dtv Verlagsgesellschaft mbH & Co. KG, München 2018
Gesetzt aus der Adobe Caslon
Satz: Greiner & Reichel, Köln
Druck und Bindung: GGP Media GmbH, Pößneck
Gedruckt auf säurefreiem, chlorfrei gebleichtem Papier
Printed in Germany · ISBN 978-3-423-28149-2

AUFZEICHNUNGEN EINES KÄFERSAMMLERS

DER MANN MIT DEN ZWEI DAUMEN

Der »Mann mit den zwei Daumen« war die Attraktion, die im ganzen Land bekannte Glanznummer des Zirkus. Die bunten Plakate, die zu Reklamezwecken an Bäumen und Litfaßsäulen angeschlagen wurden, kündigten marktschreierisch, in schmetternden Lettern, wie ein vorauseilender Tusch der Zirkuskapelle, sein Kommen an. Außer ihm fand nur noch die Löwennummer Erwähnung, doch schon in deutlich kleinerer Schrift, wie eine Nebensächlichkeit, die in Anbetracht des Ruhmes, den der Mann mit den zwei Daumen genoss, kaum der Erwähnung wert war. Alle übrigen Nummern – die Kunstreiterin Isabella mit ihren sieben Schimmeln; der Clown Wladimir, der auf der Trompete spielen und dabei einen Kopfstand machen konnte; Herkules, der Muskelmann, der Eisenstangen verbog und Ketten zerbiss –, sie alle blieben ungenannt. Neben dem Mann mit den zwei Daumen wären sie abgefallen, zugleich jedoch hätten sie ihm, weil auch das Unbedeutende imstande ist, ablenkende Wirkung zu entfalten, einen Teil der ihm zustehenden Aufmerksamkeit entzogen. Selbst die Löwennummer wurde nur erwähnt, um den Eindruck zu vermeiden, als habe das Programm außer der Daumennummer nichts Spektakuläres zu bieten – dies konnte der Zirkus, so viel Wert er auch darauf legte, sich seiner Hauptattraktion zu rühmen, dann doch nicht zulassen.

In früheren Zeiten, als seine Laufbahn begann, war der Mann mit den zwei Daumen nicht im Zirkus, sondern in Nachtclubs und Varietés aufgetreten. Dort hatte er sich wie ein Fremdkörper, ein Verirrter gefühlt; stets hatte ihn der Gedanke bedrückt, er biete seine Kunst am verkehrten Ort, auf der falschen Bühne dar. So war ihm der Tag, als er zum ersten Mal im Zirkus auftrat, und gleich in einem der bedeutenderen des Landes, als ein Schritt nach vorn, eine Befreiung aus verqueren Verhältnissen erschienen. Freilich, auch an seiner neuen Wirkungsstätte geschah es noch, dass ihn ein Gefühl der Unzugehörigkeit, der Deplatziertheit beschlich; zwar war er überzeugt, dass der Zirkus derjenige Ort war, an dem seine Kunst sich am besten darbieten ließ, und doch wurde er die Sorge nicht ganz los, es könne auch hier zu einer Verwechslung der Sphären, einer Verwischung der Rangverhältnisse kommen: Durfte man ihm wirklich zumuten, in einer mit Sand bestreuten Manege aufzutreten, umgeben von Spaßmachern, Kraftmenschen und Tierbändigern?

Die eigentliche Schwierigkeit bestand darin, dass seine Kunst etwas Außerordentliches, mit gewöhnlichen Begriffen nicht zu Fassendes, über alle bekannten Kategorien Hinausschießendes besaß. Daher konnte es auch keinen Ort geben, der für sie ganz und gar passend gewesen wäre, der für all ihre Eigentümlichkeiten und Finessen einen vollkommenen Rahmen abgegeben hätte. Aber – wog dies letztlich so schwer? In seinen zuversichtlichsten Stunden, in denen er alles Selbstvertrauen und allen Künstlerstolz zusammenraffte, konnte er sich sagen: »Wenn es für meine Daumen keinen rechten Ort gibt, dann ist jeder Ort für sie der rechte.« Tatsächlich war die Wirkung, die seine Kunst auf die Menschen entfaltete, so stark, dass es ohne Bedeutung war, wo er sie darbot. Der äußere Rahmen konnte die Wirkung seiner Daumen weder steigern, noch vermochte er ihr Abbruch zu tun – sobald die Nummer begann, vergaßen die Zuschauer schier, wo sie sich befanden.

Wer den Mann mit den zwei Daumen je erlebt hatte (oder den »Daumen-Mann«, wie er, um der leichteren Sprechbarkeit willen, zumeist genannt wurde), bewahrte in der Erinnerung für immer jene gesteigerte, sozusagen festliche Empfindung, die der Anblick des Einmaligen erzeugt. Gewöhnlich erfolgte der Auftritt in der Mitte des Programms, wenn das Publikum durch die vorangehenden Nummern bereits in fröhlich-animierte Stimmung versetzt war, jedoch noch keine Zeichen von Sättigung und beginnender Zerstreutheit zeigte. Der Daumen-Mann betrat die Manege, er trug einen schwarzen, schlicht geschnittenen, unauffällig wirkenden Anzug, der sich in merklicher Weise von den überkandidelten, ins Phantastische und Operettenhafte spielenden Kostümen der übrigen Artisten unterschied. Dergleichen hatte er nicht nötig: Er vermied in seiner Erscheinung alle Übertriebenheiten, es war sein Ehrgeiz, ohne trickreiche Hilfsmittel, dick aufgetragene Effekte auszukommen, stattdessen wollte er allein durch seine Kunst wirken, nur das

Eigentliche und Wesentliche zum Publikum sprechen lassen – seine Daumen.

Eines immerhin fiel doch an ihm ins Auge: Seine Hände waren in einem besonderen, eigens für ihn angefertigten, um nicht zu sagen: erfundenen Kleidungsstück verborgen, einer Art Muff, wie ihn die Damen an kalten Wintertagen tragen – jedoch nicht aus Pelz, sondern aus weinroter Seide. Er hielt die Hände in Höhe der Brust, ein Stück vom Körper abgerückt, trug sie gleichsam vor sich her und in die Manege hinein, wie etwas Empfindliches und Kostbares, das seiner Obhut anvertraut war. Diese Haltung stand zu seiner sonstigen Zurückgenommenheit in Widerspruch, in ihr mochte man eine Spur von Theatralik, von herausgekehrtem Anspruch erkennen, doch wie auch nicht: Die Aufmerksamkeit auf seine Hände zu lenken, folgte aus dem Wesen der Darbietung – wenn er seine Bescheidenheit auch auf diesen Punkt erstreckt hätte, wäre sie ins Unglaubwürdige und Heuchlerische umgeschlagen.

Immer empfing ihn ein großer, wohlgenährter Begrüßungsapplaus. Es war nicht jener kurze und routinemäßige Beifall, der noch dem unbedeutendsten Artisten als freundlicher Vorschuss auf seine kommenden Bemühungen ausgezahlt wird – nein, die Zuschauer verneigten sich vor dem überragenden Künstler, dessen Name überall mit Respekt und Bewunderung genannt wurde. Sie wussten, dass die vorherigen Darbietungen nur ein Vorspiel gewesen waren, und gaben sich dem erregenden Gefühl hin, dass nun der Höhepunkt bevorstand. Der Daumen-Mann vollführte kleine Verbeugungen und drehte sich dazu im Kreis – er wollte den

Zuschauern im gesamten Rund, mit gleichmäßig ausgeteilter Höflichkeit, für die Begrüßung danken. Der Ausdruck seines Gesichts war ernst und gesammelt: Er genoss diesen erhebenden Augenblick, kostete die Verehrung aus, die ihm zuteilwurde, und hielt sich doch zugleich im Griff: Er durfte seinen Gefühlen nicht nachgeben, musste alle geistigen und seelischen Kräfte auf das Kommende richten. Als er sich zweimal gedreht hatte, ließ er noch eine kleine Weile verstreichen, gab dem Publikum Gelegenheit, seine Begeisterung zu verströmen, dann machte er eine Verbeugung, die ausgeprägter als die vorangegangenen war – die Zuschauer verstanden den Wink, und der Beifall verebbte.

Der Daumen-Mann steht regungslos da. Plötzlich erlöschen alle Lichter, die Manege hüllt sich in Finsternis. Ein Scheinwerfer strahlt auf, in der Schwärze gleißend, er ist auf den Daumen-Mann gerichtet, hüllt ihn in einen weißen Kreis. Der dunkle Anzug, der rote Muff, das helle Gesicht treten scharf, wie mit einem Stift nachgezeichnet, hervor. Stille verbreitet sich auf den Rängen; es ist, als habe der Daumen-Mann selbst, unter Einsatz seiner Autorität, den Befehl zum Schweigen gegeben. Die Erwartung füllt wie eine starke, fast schon körperliche, mit Händen zu ertastende Macht das Zelt.

Eine schemenhafte Gestalt wird sichtbar, es ist die Gehilfin des Daumen-Mannes, sie huscht mit affektierten Schritten durch die Manege. Als sie in den Lichtkreis tritt, lodert ihr üppig-blondes Haar, das mit einer Feder geschmückt ist, wie entzündet auf; ihr Kleidchen ist mit silbernen Pailletten bestickt und glitzert und funkelt im Licht. Trommelwirbel

Der Mann mit den zwei Daumen

setzt ein. Der Daumen-Mann hebt den Muff in die Höhe, rückt mit einer Bewegung, die voll gespanntester Konzentration ist, seine Schultern zurecht. Die Gehilfin tritt nahe an ihn heran, streckt ihre Arme aus und umfasst, während die Feder über ihrem Kopf tänzelt, den Muff. Der Trommelwirbel schwillt an, wird zu einem metallischen Rauschen, der Daumen-Mann beginnt, seine Hände hervorzuziehen – langsam gleiten sie aus der Umhüllung, erst werden die weißen Manschetten des Hemdes sichtbar, dann ein Streifen der Handgelenke –, er hält inne, scheint vor dem Letzten, dem Entscheidenden zurückzuscheuen, seine Augen schließen sich – jetzt reißt er die Hände hervor und hebt sie mit triumphierendem Schwung in die Höhe. Die Zuschauer sind starr, niemand nimmt einen Atemzug, alle blicken auf die Daumen, die in die Helligkeit ragen. Klein sind die Daumen, zum Verschwinden klein, nur zwei winzige Striche in der Weite des Zeltes – wie Daumen eben sind. Die ersten regen sich auf ihren Plätzen, es gelingt ihnen, die Lähmung ihrer Körper zu überwinden, einzelne rufen »Ja!« und »Bravo!« in die Schwärze hinein, da löst sich der Bann, mit plötzlicher Gewalt bricht der Beifall los, alle springen von ihren Sitzen, klatschen in die Hände, trampeln mit den Füßen –

Der Daumen-Mann zeigt seine Daumen nach allen Seiten, ruhig und würdig, wie man etwas Großes den Blicken der Menschen darbietet, zugleich voller Ergriffenheit, denn er ist diesem Augenblick, in dem seine Kunst sich erfüllt, ganz hingegeben. Dann setzt er sich in Bewegung und schreitet, die Daumen hoch erhoben, die Manege ab. Der Lichtkreis zieht mit ihm, ist sein treuer Begleiter in der

Schwärze, umfängt ihn wie eine schimmernde Aureole. Die Zuschauer lehnen sich auf ihren Plätzen vor, genießen die wunderbare Szene, auf die sie so lange gewartet haben und die sich vielleicht nie in ihrem Leben wiederholen wird. Bei jedem Schritt bewegt der Daumen-Mann rhythmisch die Daumen auf und ab, teils weil sich der Takt des Gehens seinen Händen mitteilt, teils weil er die Spannung, die in seinem Körper vibriert, nicht zu zügeln vermag. Dreimal macht er die Runde; dann verbeugt er sich und geht mit zielstrebigem Schritt, so rasch, dass der Sand unter seinen Füßen aufwirbelt, aus der Manege.

Während draußen die Lichter aufleuchten, die Zuschauer ihren Beifall zu neuer Kraft anschwellen lassen, steht der Daumen-Mann, erschöpft und tief atmend, hinter der Arena. Sein Körper ist mit Schweiß bedeckt, der Anzug spannt sich, als sei er unversehens zu eng geworden, um seine Brust, der Kragen seines Hemdes ist durchfeuchtet und drückt ihm gegen den Hals. Zwar hat seine Darbietung nicht lange gedauert, scheint wie im Fluge vorübergeeilt zu sein, und doch hat sie ihn angegriffen, ihm ein Letztes an Anstrengung und Einsatz abgefordert. Während der kurzen Spanne, in der sein Auftritt sich zusammenballt, muss er mit jeder Faser seines Selbsts gegenwärtig sein, muss alle seelischen und geistigen Kräfte auf die Daumen richten, sie in ihnen bündeln ...

Er lauscht hinaus. Das Publikum fordert ein *Da capo*, noch einmal soll er vor sie hintreten und seine Daumen zeigen. Nun, er wird es tun, dies gehört zum wohlkomponierten Ablauf, doch nicht sogleich. Er darf es seinen Bewunderern nicht zu leicht machen, sie müssen ihn rufen, müssen sich sein Erscheinen durch geduldiges Klatschen verdienen; auch sollen sie eine Weile ihren eigenen Jubel auskosten, nach der überstarken Erregung, in die sein Auftritt sie versetzt hat, neue Spannkraft für den Fortgang des Spektakels sammeln.

Er blickt auf den Vorhang, der ihn von der Manege trennt. Es ist ein rosafarbenes Stück Stoff, so dünn, dass das Licht hindurchschimmert, nicht mehr als ein Hauch, schwebend zwischen ihm und dem Publikum. Ein sonderbares Gefühl steigt in ihm auf, das er kennt, immer wieder befällt es ihn in jener flüchtigen Pause nach dem ersten Auftritt. Die Manege, das Klatschen und Rufen der Zuschauer scheinen ihm fern, in eine unheimliche Weite entrückt. Zwar braucht er nur ein paar Schritte zu tun, um wieder im grellen Licht zu stehen, und doch ist ihm zumute, als müsse er eine gewaltige Strecke durchmessen, sich ein Äußerstes an Anstrengung abringen, um dort hinauszugelangen. Auch gewinnt der Beifall jetzt einen trügerischen, unwirklichen Klang, es ist, als gelte all die Begeisterung gar nicht ihm, sondern einem anderen – er lauscht ihr wie ein Unbeteiligter, ein Außenstehender, ein Gleichgültiger …

Er zieht ein Taschentuch hervor, um sich die feuchte Stirn, die vor Erregung glühenden Wangen zu betupfen. Eine Verzagtheit packt ihn, ein nervöses Missgefühl, dem er keinen Namen geben kann. Wie wäre es, wenn der Applaus dort draußen … plötzlich schwächer klänge, oder wenn er gar ausbliebe? Wenn die Zuschauer sich spröde und abweisend zeigten, mit dem Anblick seiner Daumen nicht zufrieden wären? Gewiss, der Gedanke ist absonderlich, keine Sorge könnte unbegründeter sein, gerade jetzt, da der Jubel seinen

Höhepunkt erreicht, jenseits allen Zweifels steht – und doch, das Unbehagen ist da, und mit jeder Sekunde, die er auf den Vorhang blickt, dem Klatschen und Johlen lauscht, gewinnt es an Kraft …

Wer weiß, vielleicht ist dies nur die Angst, die jeder Künstler kennt: dass das Publikum ihn verschmähen, seiner Kunst die kalte Schulter zeigen könnte. Die Zuschauer sind ja nicht etwa blind und kritiklos – im Gegenteil! Sie verfolgen jede einzelne Darbietung mit wacher Aufmerksamkeit, es fällt ihnen nicht im Traum ein, ihre Gunst mit leichter Hand zu verschenken, stattdessen spenden sie ihren Beifall mit Bedacht, können anspruchsvoll bis zum Übertriebenen und Heiklen sein, und wenn sie nicht zufrieden sind, lassen sie alle Zurückhaltung fahren, brechen in Pfiffe und hemmungslose Buhrufe aus – so wie letztens bei der Pferdenummer, als einer der Schimmel, wild mit den Hufen stampfend und ausschlagend, seiner Gebieterin Isabella den Gehorsam verweigerte …

Wie dürfte er erwarten, dass es im Publikum nicht diesen oder jenen gibt, der seine Daumen reserviert, mit heimlichem Kopfschütteln betrachtet? Wie sollten unter so vielen Menschen nicht auch ein paar Zweifler sitzen, die für die Reize seiner Kunst unempfänglich sind, die nicht begreifen können, warum die Welt so großes Aufhebens von ihr macht? Gewiss, noch mögen es nur Einzelne sein, über das Zelt hin Verstreute, und sie sind klug genug, sich ihre Ablehnung nicht anmerken zu lassen, denn sie wissen, dass die Mehrheit keinen Sinn für sie hat – noch nicht. Doch der Widerstand wird wachsen, die Zweifel werden sich heimlich, im Unterirdischen, auf verborgenen Kanälen verbreiten, die Zahl der Gegner wird größer und größer werden – und bald werden sie aufhören, mit ihrer Ablehnung hinter dem Berg zu halten, werden sie laut und klar, in auftrumpfenden Worten verkünden, und was heute nur die Sache einiger weniger ist, steigert sich bald zu einer großen, allgemeinen Opposition!

Gerade dass die Menschen jenseits des Vorhangs ihm so enthusiastisch applaudieren, dass seine Daumenkunst, wo immer er sie darbietet, mit vollkommener Regelmäßigkeit, ohne je die geringsten Spuren von Abnutzung zu zeigen, bewährt: Gerade dies besitzt einen verdächtigen Zug. Muss nicht, was sich zu solcher Höhe emportürmt, früher oder später ins Wanken geraten? Irgendwann hat jede Kunst die Zeitspanne erschöpft, die ihr zugemessen ist, in der sie es vermag, die Menschen für sich einzunehmen. Jede große Wirkung, die ein Künstler hervorbringt, ist letztlich ein Wunder: Auf geheimnisvolle Weise entsteht sie, und auf geheimnisvolle Weise erlischt sie wieder. Das Klatschen dort draußen – hat es nicht etwas Krampfhaftes, Überspanntes, Hysterisches? Droht es nicht, jeden Augenblick an sich selbst irre zu werden, in sein Gegenteil umzuschlagen? Je länger er hinaushört, desto mehr scheint ihm, dass der Beifall kaum noch Ähnlichkeit mit einem Klatschen hat, dass er vielmehr einem Johlen gleicht, einem überdrehten, höhnischen, bis zum Wahnsinn sich steigernden Gelächter …

Der Daumen-Mann ballt die rechte Hand zur Faust und presst sie sich gegen die Stirn. Er darf die Zuschauer nicht länger warten lassen, darf ihren guten Willen nicht überfordern – es wäre ein handwerklicher Fehler. Gerade wenn es stimmt, dass sich im Zelt auch Gegner verborgen halten, ist er gut beraten, sich nicht die kleinste Ungeschicklichkeit zu leisten. Die Zweifler würden sich die Hände reiben, wenn er jetzt den Selbstgefälligen gäbe, der sich allzu lange bitten lässt, den Verwöhnten und Koketten, der mit der Gunst seiner Anhänger ein Spiel treibt …

Er führt seine Daumen, erst den rechten, dann den linken, an die Lippen und drückt auf sie einen Kuss. So tut er es vor jedem Auftritt, aus einem törichten Aberglauben heraus, einer Künstlermarotte, über die er selber manchmal lächeln muss und die er doch niemals aufgeben wird. Der Kuss flößt ihm Kraft ein, er ist wie eine Besiegelung des Glaubens an sich selbst und seine Kunst. Dann zieht er den Vorhang beiseite und geht hinaus.

ICH VERLANGE EINE AUSSPRACHE

Gestern Abend habe ich mich mit Stucken getroffen, in der Kneipe neben dem Rathaus, wo wir jeden Dienstag unseren Schoppen Rotwein trinken. Bis Mitternacht saßen wir unter den gemauerten Bögen, wussten uns so viel zu erzählen, als hätten wir uns seit Monaten nicht gesehen, und am Ende waren wir in so übermütiger Laune, redeten so weinselig und lautstark aufeinander ein, dass die Kellner sich genötigt sahen, uns dämpfende Blicke zuzuwerfen. Und doch, als ich später durch die Dunkelheit nach Hause ging, war ich niedergeschlagen, spürte wieder jenen unterschwelligen Zorn, der mich nach jedem Zusammensein mit Stucken befällt, denn die *Aussprache,* die ich mit ihm führen will, jenes große, die Dinge zwischen uns klärende Gespräch, das seit Jahren zwar nicht der einzige, doch ohne Zweifel der wichtigste Grund ist, der mich Woche um Woche in diese Kneipe treibt, hatte wieder nicht stattgefunden.

Jedes Mal, wenn ich zu der Aussprache ansetzte, bemerkte Stucken es sogleich, denn an Klugheit und Wachsamkeit fehlt es ihm nicht, und nach so vielen Jahren kann er bereits an winzigsten Veränderungen meines Tonfalls oder Augenausdrucks erkennen, worauf ich hinauswill. Dann ließ er auf seinem rundlichen, um nicht zu sagen feisten Gesicht ein Lächeln erscheinen und zog fast unmerklich, nicht länger als für den Bruchteil einer Sekunde, die Brauen über der Nasenwurzel zusammen – mehr bedurfte es nicht, um mich in die Schranken zu weisen, gleich lenkte ich das Gespräch in eine andere Richtung, denn auch ich habe inzwischen ein feines Sensorium für Stuckens Andeutungen entwickelt, und kein noch so diskreter, nur eben die Schwelle zur Wahrnehmbarkeit erreichender Wink, mit der er die Aussprache von sich abwehren will, könnte mir entgehen.

Früher hielt ich seinen Widerstand gegen die Aussprache für eine bloße Laune, eine halb spielerische Unwilligkeit, hinter der sich nichts Bemerkenswertes verbarg und die ich, aus freundlicher Rücksichtnahme, gern zu akzeptieren bereit war. Die Angelegenheit, um die es bei der Aussprache gehen soll, schien mir belanglos, und ebenso wenig konnte ich mir vorstellen, dass sie für Stucken irgendeine Bedeutung besitzen sollte – daher wäre ich der Letzte gewesen, ihm die Aussprache aufzudrängen. Mit der Zeit jedoch stellte ich fest, dass ich seinen Widerstand unterschätzt hatte, dass er mit eigensinniger Zähigkeit an ihm festhielt, ja dass er offenbar die Absicht hatte, sich der Aussprache ein für allemal zu entziehen. Dies nun wiederum irritierte mich, ich konnte oder wollte nicht verstehen, warum Stucken ein Gespräch über eine Angelegenheit, der keiner von uns beiden die geringste Wichtigkeit beimaß, so hartnäckig verweigerte; ich fühlte mich herausgefordert, auch meinerseits nicht nachzugeben, und schließlich kam es so weit, dass ich mit der gleichen planmäßigen Entschlossenheit auf die Aussprache hinarbeitete, mit der Stucken sie zu hintertreiben suchte.

Womöglich hofft Stucken, dass sich die Aussprache eines Tages, wenn er mich nur lange genug hinhält, von selbst erledigen wird. Und tatsächlich scheint es, dass ihm die Zeit in die Hände spielt, denn die besagte Angelegenheit liegt nun schon eine beträchtliche Weile zurück, und mit jeder neuen Weigerung, sich ihr zu stellen, nimmt der zeitliche Abstand zu. Vermutlich baut Stucken darauf, dass es früher oder später überflüssig, als ein verschrobenes und lächerliches Unterfangen erscheinen wird, über ein Ereignis, das so weit in der Vergangenheit liegt, noch eine Aussprache zu führen, ja, es würde mich nicht einmal wundern, wenn er der Ansicht wäre, dass dieser Zeitpunkt längst gekommen ist. Hier allerdings irrt er sich. Gerade weil er die Aussprache immer wieder verweigert, kann die Angelegenheit nicht in die Vergangenheit rücken. Jedes Mal, wenn wir in der Kneipe beisammensitzen und uns über gänzlich andere Dinge unterhalten, steht die Angelegenheit unentwegt zwischen uns – sie schwebt als etwas zwar nicht Sichtbares, mit keinem Wort Berührtes, aber doch sehr Wirkliches, ja geradezu mit Händen zu Greifendes im Raum, und so wird sie, obwohl wir nicht über sie sprechen, oder gerade *weil* wir nicht über sie sprechen, immer wieder aufgefrischt und vergegenwärtigt.

Stucken ist mein Freund. Wir kennen uns seit über zwanzig Jahren, immer herrschte ein gutes Einvernehmen zwischen uns, auch Aussprachen hat es immer gegeben, sie waren, wenn sie sich einmal als nötig erwiesen, selbstverständlich, nie brauchten wir sie lange zu suchen; nötig waren sie allerdings nicht oft, denn es gab so gut wie niemals Reibungen zwischen uns, auch das beweist, wie nahe wir einander standen. Die Freundschaft ist noch immer vorhanden, trotz allem; gerade dass sie den Schwierigkeiten standhält, die wegen der unterbliebenen Aussprache auf ihr lasten, führt mir vor Augen, wie lebendig und widerstandskräftig sie ist. Andere Freundschaften wären unter einer solchen Last schon längst zusammengebrochen! Auch dass ich mir die Aussprache so eindringlich wünsche, dass sie mein Nachdenken oft viele Stunden am Tag und manchmal bis zur Erbitterung beschäftigt, sagt viel aus: Zwischen oberflächlichen Bekannten wäre sie unnötig, schon lange hätte ich die Angelegenheit als etwas Kleinliches auf sich beruhen lassen, gleichmütig den Mantel des Schweigens über sie gebreitet – aber mit Stucken, meinem Freund, muss ich über sie sprechen.

Andererseits hat unsere Freundschaft natürlich auch gelitten. Wie könnte es anders sein! Das angestrengte Ausweichen, das verlegene Schweigen, das krampfhafte Drumherumreden: Dafür zahlen wir einen Preis, es gibt unserem Verhältnis, wie ich immer deutlicher spüre, einen zwielichtigen und unaufrichtigen Zug. Dürfen sich zwei Menschen wirklich Freunde nennen, die es nicht einmal fertigbringen, über eine Angelegenheit, an deren Bedeutungslosigkeit sie nicht im Geringsten zweifeln, eine Aussprache zu führen? Manchmal werde ich an unserem Verhältnis geradezu irre, und dann scheint es mir, dass es ehrlicher wäre, eine Frage der Achtung, die jeder von uns sich selbst und dem anderen schuldet, dem Spiel der sogenannten Freundschaft ein Ende zu machen. Zugleich aber weiß ich, dass eben dies nicht sein darf; denn wenn ich die Freundschaft lösen würde, würde ich im selben Zug auch die Aussprache unmöglich machen. Mag das Verhältnis zwischen uns noch so angespannt und verquer sein, und mag es bei jedem Zusammentreffen, bei dem Stucken die Aussprache verweigert, einen neuen Schlag erleiden: Ich komme doch nicht umhin, es als ein notwendiges Vehikel zu erhalten. Ohne Freundschaft keine Aussprache!

Immer wieder frage ich mich, wie ich am geschicktesten vorgehen soll, um Stucken zu der Aussprache zu überreden, oder sie ihm gegen seinen Willen, auf eine listige Weise abzunötigen. Eine Möglichkeit wäre, ihn gleich zu Beginn des Abends, kaum dass wir am Tisch Platz genommen haben, energisch und ohne Umschweife um die Aussprache zu bitten. Diese Methode besitzt einen gewissen Reiz, denn sie scheint den Gordischen Knoten mit einem Hieb zu durchschlagen, und doch habe ich sie noch nie in die Tat umgesetzt: Stucken lässt sich nicht überrumpeln, dafür ist er nicht der Mann, und die Gefahr ist groß, dass er die offene Aufforderung mit einer offenen Zurückweisung beantwortet. Daher ziehe ich es vor, mich der Aussprache auf Umwegen zu nähern, mit unverfänglichen, alles und nichts bedeutenden, scheinbar nur so hingesagten Worten. Ich mache das harmloseste Gesicht, dessen ich fähig bin, und spiele die Angelegenheit, ehe sie überhaupt zur Sprache gebracht ist, weit unter den Wert herab, der ihr zukommt. Freilich hat dieses Vorgehen den Nachteil, dass ich gegenüber Stucken den Eindruck erwecke, als legte ich auf die Aussprache keinerlei Wert. Wenn es früher oder später zu der Aussprache kommen sollte, und wenn ich Stucken dann die Frage stelle, warum er sich so lange gegen sie gesperrt habe, wird er mir womöglich entgegenhalten, dass er ja gar nicht gewusst habe, wie sehr mir an der Aussprache gelegen war, denn schließlich hätte ich kein einziges Mal in deutlicher, unmissverständlicher Form nach ihr verlangt – und dann werde ich ihm nicht widersprechen können.

Dennoch halte ich an meiner vorsichtigen, gleichsam auf Zehenspitzen um die Aussprache herumschleichenden Art fest. Eine sonderbare Scheu lähmt mich, ich bringe nicht den Mut auf, das Gespräch in die ersehnte Richtung zu lenken, denn allzu lange schon warte ich nun darauf, dass die Aussprache endlich stattfindet, und so hat sie in meinen Augen ein immer bedeutsameres und einschüchterndes Ansehen gewonnen. Auch ahne ich, dass die Aussprache wohl nicht so leicht, mit einigen wenigen Sätzen abzutun sein wird, wie ich es mir früher oft vorstellte. Im Laufe der Zeit habe ich die Angelegenheit immer wieder durchdacht, und dabei bin ich auf gewisse Einzelheiten, Nuancen, Verästelungen gestoßen, die in der Aussprache, wenn sie denn mit einem gewissen Ernst geführt werden soll, nicht unerwähnt bleiben dürfen. Zwar ändert dies nichts daran, dass die Angelegenheit einfach ist – doch auch das Einfache hat nun einmal seine besondere Gestalt, seinen eigentümlichen Charakter. Stucken und ich dürfen es uns nicht zu leicht machen, wir müssen das Gespräch, wohl oder übel, auch auf einige Nebengesichtspunkte bringen, sonst ist die Aussprache zur Oberflächlichkeit verdammt, das Eigentliche, das, worum es im Kern geht, bliebe womöglich ungesagt – und so könnte der wahrhaft widersinnige Fall eintreten, dass die Aussprache an ihrer eigenen Einfachheit scheitert.

Vor jedem Zusammensein mit Stucken bereite ich mich gründlich vor, lege mir alle Gedanken, die ich ihm darlegen will, genau und übersichtlich zurecht; denn wenn es zur Aussprache kommt, muss ich meiner Sache vollkommen sicher sein, darf um keinen Preis ins Schwanken geraten oder eine wichtige Einzelheit vergessen. Sitze ich Stucken dann gegenüber, fühle ich mich wohlpräpariert, kann die Aussprache jederzeit beginnen, gebe mich mit Lust dem Bewusstsein hin, alle Sätze klar und fertig in mir zu tragen – sie liegen gleichsam auf der Lauer, ich brauche ihnen nur einen Wink zu geben, schon fletschen sie die Zähne und stürzen hervor ... Wenn die Aussprache jedoch unterbleibt, ich mir den erlösenden Wink versagen muss, verwandeln sich die Gedanken in eine Last: Das Ungesagte beginnt mich zu bedrängen, es wehrt sich gegen die Gefangenschaft, zu der ich es verurteile, zerrt und rüttelt an den Gitterstäben meines Schweigens ...

Einmal steigerte sich meine Unruhe so sehr, dass ich angestrengt und verkrampft zu atmen begann, das Weinglas schwankte in meiner Hand, ich konnte den Druck der zurückgestauten Gedanken nicht mehr ertragen, musste mich um jeden Preis von ihm befreien – mit einem Ruck stand ich auf, verabschiedete mich von Stucken unter einem fadenscheinigen Vorwand und eilte hinaus. Kaum war ich auf der

Straße, brach das Unterdrückte in einem heftigen Schwall aus mir hervor, ich sprach es mit lauter Stimme in die Dunkelheit hinein, gestikulierte wie ein Betrunkener mit den Armen, die wenigen Passanten, die um diese Stunde unterwegs waren, wandten die Köpfe ...

Als ich später durch die laue Abendluft ging, empfand ich eine tiefe, fast schwindeln machende Erleichterung. Ich hatte alles gesagt, was zu sagen war, nichts gab es mehr, das in mir rumorte, das auf meiner Seele lastete – die Aussprache hatte stattgefunden! Zwar erinnerte ich mich kaum noch, was aus meinem Mund hervorgesprudelt war, vor lauter Erregung hatte ich mir nicht einmal zugehört, vielleicht war es nur verworrenes, sinnloses Zeug gewesen – doch darauf kam es nicht an! Allein das ungestüme und befreiende Reden, die Aussprache ins Leere hinein, war mein Wunsch gewesen, und dieser Wunsch hatte sich erfüllt!

Da kam mir der Gedanke, Stucken bei unserem nächsten Zusammensein einen Vorschlag zu machen – einen Vorschlag, der alle unsere Schwierigkeiten mit einem Schlag lösen würde. »Mein Lieber«, würde ich zu ihm sagen, »wenn du bereit bist, die Aussprache zu führen, bin ich im Gegenzug bereit, auf sie zu verzichten. Ich werde deinen guten Willen für die Tat nehmen, und die Angelegenheit soll ein für alle Mal erledigt sein!« Und vor meinem geistigen Auge sah ich, wie Stucken sich von seinem Platz erhob, wie er mir die Hände entgegenstreckte, wie wir einander stürmisch, mit Tränen in den Augen umarmten, und wie die Gäste an den Nebentischen voller Teilnahme lächelten, denn zwar konnten sie nicht verstehen, was sich zwischen uns ereignete, doch freuten sie sich an dem schönen Bild, das wir boten, dem Schauspiel einer großen, nach langen Kämpfen wiedererlangten Eintracht.

AUFZEICHNUNGEN EINES KÄFERSAMMLERS

1

Ich lebe in einem Haus auf dem Land, das zwei Jahrhunderte hindurch den Oberförstern dieser Gegend als Amtssitz gedient hat, sodass die Einheimischen es noch heute die »Försterei« nennen. Es ist ein schlichtes, in Fachwerkmanier errichtetes Gebäude, im Äußeren wie Inneren auf das Nötigste beschränkt, von den umliegenden Bauernhäusern kaum zu unterscheiden, allenfalls durch sein sonderbar gekrümmtes, wie eingedrücktes Dach, das mir, als ich es zum ersten Mal sah, den Eindruck erweckte, als laste ein unsichtbares Gewicht auf dem First. Die Landschaft ringsum bietet einem Käfersammler reiche Jagdgründe: Es gibt Eichen- und Buchengehölze, die mit dichtem Unterholz durchsetzt sind, dazwischen liegen Felder, Wiesen und Tümpel, in denen eine unausschöpfbare Fülle verschiedenster Käferarten haust. Zu den Vorteilen des Hauses gehört auch seine Geräumigkeit: Ich benötige viele Zimmer, um meine Sammlung unterzubringen, die schon bei meinem Einzug einen beträchtlichen Umfang besaß und seither mit jedem Jahr gewachsen ist. In der Nähe befindet sich ein Bauerndorf, geduckt und verloren in der Weite der Landschaft; mein Haus ist ein gutes Stück von ihm abgerückt, zudem verbirgt es sich hinter einem flachen, mit Ulmen bestandenen Hügel, als wolle es sich die Abgeschiedenheit seiner Lage durch das Dorf nicht schmälern lassen oder habe den Ehrgeiz, die Abgeschiedenheit des Dorfes noch zu überbieten.

Mit den Bewohnern des Dorfes verbindet mich nichts. Es sind herbe und schlichte Gestalten, in ihrem Auftreten ohne jeden freundlichen Zug, wortkarg und hölzern selbst dann, wenn sie unter sich sind, und erst recht gegenüber jemandem wie mir, der nicht schon immer hier ansässig gewesen ist und mit dessen absonderlichen Beschäftigungen sie nichts anfangen können. Wenn ich mit dem Fangnetz über die Wiesen oder durch die Wälder streife, begegne ich manchmal einem von ihnen, dann grüße ich höflich, um die gute Form zu wahren und um ihm keinen Vorwand zu geben, gegen mich eingenommen zu sein; der andere erwidert den Gruß knapp und spröde, mit herausgekehrter Unherzlichkeit, und es ist offenkundig, dass er keines Vorwandes bedarf, um gegen mich eingenommen zu sein. Für meine Passion des Käfersammelns haben die Dörfler keinen Sinn, sie bringen ihr eine dumpfe, durch nichts umzustoßende Abneigung entgegen, und hin und wieder fange ich Blicke auf, die aus ihrer Geringschätzung kein Hehl machen. Sie halten mich für einen Faulpelz, einen Tunichtgut, einen Zeithaber; es geht über ihre Begriffe, dass ein kräftiger und gesunder Mann, der im Leben viele nützliche Dinge tun könnte – so viele nützliche Dinge wie sie! –, Insekten nachstellt.

Nun, Käfersammler sind es gewöhnt, dass man den Kopf über sie schüttelt. Sie halten es für schwierig oder aussichtslos, einem anderen begreiflich zu machen, worin der Sinn des Sammelns besteht, ja, häufig sind sie selbst nicht imstande, diesen Sinn zu erfassen, oder sie fragen nicht einmal nach ihm, sondern verzichten auf alle gedanklichen Mühen und betreiben, mit der Genügsamkeit von Kindern, das Sammeln um seiner selbst willen. Manche ahnen womöglich den Sinn ihres Tuns, tragen ihn wie ein Geheimnis mit sich herum, von dem sie anderen nichts mitteilen können und dessen Schönheit gerade darin besteht, dass es unsagbar ist. Was mich betrifft, so habe auch ich lange nicht gewusst, was mich mit dem Netz und der Sammelbüchse auf die Jagd treibt; erst spät fing ich an, mich mit dieser Frage zu beschäftigen, dann allerdings geschah es, dass ich in Schwierigkeiten und gedankliche Abgründe hineingeriet, von denen ich mir zuvor nichts hatte träumen lassen und aus denen ich nur mit Mühe wieder hinausfand. Doch davon später mehr.

Schon als kleiner Junge begann ich, im Garten meiner Eltern Marienkäfer und Sandläufer zu fangen. Ich bewahrte sie in Sperrholzkisten auf oder legte in großen Blumentöpfen Gehege für sie an, in denen sie als meine zwar unfreiwilligen, doch mit Liebe behüteten Gäste zwischen Gräsern und Kieselsteinen lebten. In der Erinnerung scheint es mir, dass ich keinen einzigen Tag meiner Kindheit verstreichen ließ, an dem ich mich nicht in dieser oder jener Weise mit Käfern beschäftigte und dabei auf meine Kosten kam.

Zuweilen träumte ich in der Nacht von ihnen; da die Blumentöpfe auf dem Fensterbrett neben meinem Bett standen, war ich überzeugt, dass die Käfer in der Dunkelheit, sobald ich eingeschlafen war, ihre Gehege verließen und erst durch meine Ohren in meinen Kopf, dann von dort in meine Träume wanderten. Wenn ich am Morgen erwachte, warf ich sogleich einen Blick in die Töpfe, und zu meiner Erleichterung stellte ich fest, dass alle Käfer noch immer, oder vielmehr wieder, an ihren Plätzen waren – unversehrt und rechtzeitig hatten sie den Weg aus meinen Träumen und meinen Ohren hinausgefunden.

Als Kind hatte ich wenig Freunde, ohne darunter zu leiden. Früh zeigte sich an mir ein Zug zur Absonderung und zum Alleinsein, und von allen Spielen waren mir diejenigen die liebsten, die ich ohne Kameraden spielen konnte. Denke ich an meine Jugend zurück, so tauchen nur wenige Gesichter in meiner Erinnerung auf; dafür jedoch kann ich mich einer großen Zahl von Käfern entsinnen, und manche von ihnen, besonders einige Prachtexemplare, an die sich der ganze Stolz meiner jungen Sammlerjahre heftete, stehen mir mit solcher Lebendigkeit vor Augen, als handelte es sich nicht etwa um Erinnerungen, sondern als führten sie ein gegenwärtiges, von der Zeit und ihren Wirkungen losgelöstes Eigenleben. An meinem Hang zur Ungeselligkeit hat sich seither nicht viel geändert: Noch immer ist mein Verkehr mit Menschen spärlich, besitzt den Charakter des Außergewöhnlichen und Bemerkenswerten. Ich habe mir die Ansicht gebildet, dass der Wunsch, mit anderen Menschen Umgang zu haben, meist nur aus dem Verlangen nach

Ablenkung entspringt; dieses Verlangen aber habe ich nie gespürt – die Beschäftigung mit Käfern füllt mich gänzlich aus, alles andere wäre für mich eine Ablenkung.

Oft habe ich darüber nachgedacht, worauf die starke Anziehung beruht, die Käfer auf mich ausüben. Wie jeder Sammler liebe ich die Schönheit ihrer Farben und die Mannigfaltigkeit ihrer Formen, doch mehr noch ergreift mich etwas anderes: Es ist die Ernsthaftigkeit, die sie ausstrahlen, ihr gemessenes, von einer eigentümlichen Würde getragenes Wesen. Die meisten Käfer bewegen sich langsam, haben einen bedächtigen, schwerfälligen, man möchte sagen: altherrenhaften Gang. Was immer sie auch tun, sie scheinen einem seriösen Geschäft nachzugehen, einen Auftrag auszuführen, der ihnen von einer unbekannten Instanz übertragen worden ist und den sie gewissenhaft, mit jener besonderen Sorgfalt erledigen, die unter allen Tieren nur ihnen zu eigen ist und die vielleicht den Grund dafür bildet, dass der Auftrag gerade ihnen erteilt wurde. Dabei machen sie keinerlei Aufhebens von sich: Lautlos leben sie vor sich hin, führen ein diskretes und entzogenes, nur ihren stillen Beschäftigungen gewidmetes Dasein, verstecken sich unter Steinen und welken Blättern, bohren Gänge durch das Erdreich und in tote Bäume, tauchen durch die Trübnis von Sümpfen und Teichen.

Wenn ich an die ersten Jahre in der Försterei zurückdenke, empfinde ich eine Art melancholischer Dankbarkeit; damals nahm mein Leben einen gleichmäßigen und von allen Ereignissen verschonten Gang, und ich erreichte die größte Zufriedenheit – das Wort »Glück« wage ich nicht niederzuschreiben –, die einem Menschen wie mir zuteilwerden kann. Vom Frühling bis zum Herbst ging ich unentwegt auf die Jagd; schon in der Morgendämmerung brach ich auf, wenn die letzten Sterne noch am Himmel standen, im matten Frühlicht die Beute noch kaum auszumachen war, und erst am Abend kehrte ich in mein Quartier zurück, wenn die ersten Sterne wieder am Himmel erschienen und die Käfer in die Finsternis zurücktauchten. Auf meinen Streifzügen genoss ich jenes lustvolle, mit Worten kaum zu beschreibende Gefühl, das ein Schatzsucher empfindet, der sich dem Ziel seiner Suche nahe weiß: Der Reichtum in meinen Jagdgründen war so groß, dass ich bei jedem Schritt, jeder Wendung des Kopfes eines Käfers ansichtig werden konnte, und die einzige Sorge, die mich beunruhigte, war die, dass mir ein besonders reizvolles Exemplar, von dem ich schon lange geträumt hatte und nach dem ich lediglich die Hand auszustrecken brauchte, in der schieren Überfülle entgehen könne.

Selbst an den wenigen Tagen, an denen ich nicht auf die Jagd ging, konnte mich doch jederzeit, wie ein schöner oder unheilvoller Drang, das Jagdfieber überfallen. Wenn ich einen Gang durch das Dorf machte und an einem Gebüsch oder einer Hecke vorüberkam, strich ich leicht, mit einer kleinen und verstohlenen Geste, als wollte ich mein Tun vor mir selbst verbergen, über die Blätter, in der Hoffnung, es werde vielleicht ein Käfer zu Boden fallen. Wenn ich durch den Wald ging und einen abgestorbenen Baum sah, ließ ich mir das Vergnügen nicht nehmen, mit einem kleinen Hammer, den ich immer bei mir trug, gegen das mürbe Holz zu pochen oder mit den Fingernägeln die Schuppen der Rinde abzukratzen, so lange, bis ich einen überraschten Käfer aus seiner Verborgenheit ans Licht holte. Des Abends, wenn ich vor dem Einschlafen noch einen Spaziergang machte und in der Dunkelheit die Silhouette eines Käfers vorüberfliegen sah, ergriff mich sofort ein Herzklopfen: Im Laufschritt stellte ich der Beute nach und suchte sie, da ich das Fangnetz nicht bei mir trug, mit den bloßen Händen oder dem Hut zu erhaschen.

Ab und zu empfing ich Besuche von einem Käfersammler namens Schartenberg. Er wohnte in einem entfernten Nachbardorf, wir begegneten einander gelegentlich auf der Jagd, und mit der Zeit hatte sich, wie es wohl unvermeidlich war, eine Bekanntschaft zwischen uns entwickelt. In der Försterei setzten wir uns an den großen Tisch in der Werkstatt, wo ich sonst die eingebrachten Käfer sichtete und präparierte, tranken eine Flasche Wein und unterhielten uns über die hundert kleinen und großen Dinge, die Käferfreunde beschäftigen. Ich breitete vor ihm meine neuesten Funde aus, die er mit fachmännischen Blicken und Kommentaren bedachte, auch ließ ich es mir nicht nehmen, einige Glanzstücke meiner Sammlung herbeizuholen und, wie es unter Liebhabern üblich ist, mit ihnen zu renommieren. So saßen wir bis in die Nacht zusammen, gerieten ab der zweiten Flasche in eine gewisse kollegiale Redseligkeit, lachten sogar hin und wieder, und ein Beobachter hätte den Eindruck gewinnen können, wir seien miteinander befreundet – doch dies wäre ein Irrtum gewesen. Das Verhältnis zwischen uns war in Wahrheit nüchtern und trocken, es speiste sich allein aus der Tatsache, dass wir eine Leidenschaft teilten. Schartenberg und ich wurden von derselben Sache angezogen, doch dies hatte nicht zur Folge, dass ich auch von ihm angezogen wurde, oder er von mir. Keiner war bereit, von der Sympathie, die er für die Käfer empfand, das Geringste für den anderen abzuzweigen.

Damals gab ich mich dem Glauben hin, dies Dasein werde immer weitergehen, gleichförmig und wohltemperiert, nur einer einzigen Sache gewidmet, und ich könne in der kleinen Welt, die ich um mich geschaffen hatte, auf ungefährdete Weise alt werden. Ich lebte in einer entlegenen und unzugänglichen Einöde, hielt mich geradezu in ihr versteckt – und so hatte ich die Hoffnung, das Unglück werde mich übersehen. Doch dies erwies sich als eine Täuschung. Der Weidenbläuling hat meinem Leben eine prekäre Wendung gegeben – er lenkte mein Denken und Fühlen in Bezirke, vor denen ich mich bis dahin gehütet hatte, sei es aus bloßer Bequemlichkeit, sei es, weil ich instinktiv spürte, dass von ihnen nichts Gutes zu erwarten war. Bald kamen weitere Missgeschicke hinzu, und heute scheint mir jene Zeit wie eine schöne, doch auch naive, von geistiger Blindheit geprägte Epoche meines Lebens, in der mir entgangen ist, was einem ernsthaften Menschen, der genügend Mut besitzt, den Dingen ins Auge zu blicken, nicht entgehen kann.

2

Für den Insektensammler ist der Frühling die ergiebigste und beglückendste Zeit des Jahres. Das in der Erde schlummernde, vom Winter zurückgehaltene Leben drängt mit plötzlicher Macht hervor, wie aus dem Nichts, von einer Feder abgeschnellt, drängen Myriaden von Käfern, Mücken, Fliegen und sonstigem Getier ins Licht. Schon in meiner Jugend hatte ich darüber nachgedacht, was der Sinn dieses heftigen Aufblühens, dieses verschwenderischen und maßlosen Ausbruchs sei. Denn er ist ja so flüchtig; die Insekten leben nur für kurze Zeit, mit ungestümer Energie, als hätten sie die größten und bedeutungsvollsten Taten zu vollbringen, schnellen sie ins Dasein und müssen doch, kaum dass sie ein paar Wochen oder Monate ihr Wesen getrieben haben, schon wieder den umgekehrten Weg antreten. Diese hastige Folge von Geborenwerden und Vergehen war mir ein Rätsel; ich konnte nicht begreifen, welchen Sinn der Wechsel von Ebbe und Flut besitzen sollte, warum die Natur, scheinbar im Widerspruch mit sich selbst, mal verschwenderisch schenkt und mal unbarmherzig raubt.

Gewiss, diese Fragen sind nicht originell. Jeder stellt sie sich von Zeit zu Zeit; selbst wer noch so einfach und stumpf ist, kann nicht durchs Leben gehen, ohne gelegentlich von ihnen berührt zu werden. Die meisten halten sich nicht lange mit ihnen auf, wollen sich die Gemütlichkeit ihres Daseins nicht von ihnen ankränkeln lassen, und es gelingt ihnen, sie sich aus dem Kopf zu schlagen wie eine Knobelfrage, auf die sie keine Antwort wissen und mit der sie sich daher lieber nicht herumschlagen. So hatte auch ich es immer gehalten; eines Tages jedoch entdeckte ich den Weidenbläuling, und von da an kam mir der Gedanke an die Vergänglichkeit immer öfter, er zeigte sich von meinen Abwehrversuchen kaum noch beeindruckt, machte sich wie mit feinen Häkchen in meiner Seele fest.

Zwei Stunden von der Försterei entfernt, hinter unwegsamen, mit dornigem Gestrüpp überwucherten Hügeln, lag ein Sumpfgebiet. Ich hatte es bisher gemieden, denn da ich alles, was ich mir wünschen konnte, in der Nähe fand, scheute ich den beschwerlichen Fußmarsch dorthin. Zudem galten die Sümpfe, in denen Silberweiden und Röhricht wuchsen, bei den Bauern als nicht ungefährlich: Ein Gewirr von Bächen oder kleinen Flussarmen, die auch bei Sonnenschein eine schwärzliche Farbe bewahrten, schlängelte sich durch sie hin; die begehbaren Pfade, von denen es nicht viele gab, bildeten ein Labyrinth und konnten sich jederzeit, mit tückischer Plötzlichkeit, in Morast verwandeln; manche von ihnen führten so tief in das Dickicht hinein, dass es Ausdauer kostete, ihnen zu folgen, und man unwillkürlich annahm, sie müssten auf einen bestimmten Punkt zulaufen – bis sie im Nirgendwo abbrachen. Eines Tages machte ich mich dennoch auf den Weg dorthin, denn gerade weil die Sümpfe so verborgen und abweisend waren, jeder vernünftige Grund dagegen sprach, sich ihnen zu nähern, reizten sie meine Neugier.

Als ich in Gummistiefeln, die mir bis an die Schenkel hinaufreichten, durch die nasse Wildnis watete, sah ich schon bald einen bläulich-silbernen Käfer über die Spitzen des

Röhrichts fliegen, der mit seinen Schwingen ein leises, in der Morgenstille unwirklich anmutendes Surren erzeugte. Es war ein Weidenbläuling, den ich bisher nur von Abbildungen kannte und schon immer um seiner Schönheit willen bewundert hatte. Während das Weibchen unscheinbar ist, ein aschgraues, mit braunen Tupfen gesprenkeltes Kleid trägt, mit dem es sich auf den Stämmen der Weiden nahezu unsichtbar macht, sticht das männliche Tier ins Auge – es gehört zu den prachtvollsten Erscheinungen, die in unserer heimischen Käferwelt anzutreffen sind, ja selbst im Vergleich zu seinen tropischen Artgenossen, die oft durch ihre verschwenderische, ins Überkandidelte und Fanfarenhafte gesteigerte Schönheit auffallen, bietet es einen imponierenden Anblick. Es hat blaue, mit einem Hauch von Silber überstäubte Flügeldecken, die ein raffiniertes, je nach Einfall des Lichts variierendes Farbenspiel entwickeln: Während im Sonnenschein das Silber mit kräftigem Schimmern hervortritt und die blaue Farbe verblassen lässt, tritt im Schatten, umgekehrt, das Blau hervor, scheint sich vom Silber dessen Leuchten zu borgen und trägt mit doppelter Kraft, wie von innen her glühend, seine Pracht zur Schau.

Der männliche Weidenbläuling besitzt noch eine weitere Eigenschaft, die ihn bemerkenswert macht: Er lebt nur einen einzigen Tag. Ich kenne keinen anderen Käfer, weder in unseren Breiten noch in den Tropen, dem ein derart kurzes Leben zugemessen wäre. Kaum ist der Weidenbläuling geboren, schon springt der Tod ihn an. Nach einem dreijährigen Dasein als Larve im Erdreich steigt das Männchen an einem warmen Sommertag, aus seiner Starre geweckt, in voll entwickelter Schönheit ans Licht. Es fliegt umher, lässt für einige Stunden seine Farben spielen und sucht nach einem Weibchen, um sich zu paaren. Ist ihm dies gelungen, lassen seine Kräfte bereits nach; es sinkt auf den morastigen Boden nieder, wo es nur noch matt, gegen eine rasch zunehmende Lähmung kämpfend, auf seinen Beinchen strauchelt und torkelt; manchmal spreitet es noch die Flügel, doch ohne den Versuch eines Fluges zu machen, nur noch aus einem Reflex heraus, der schon sinnlos geworden ist; so zehrt es den letzten Vorrat an Leben auf, der ihm von der Natur geschenkt wurde, und wenn die Dämmerung einsetzt, ist es verendet.

Ich verbrachte den ganzen Tag in den Sümpfen. Abends in der Försterei leerte ich meine Sammelbüchse aus, um die Beute zu sichten. Ich hatte, neben einem Dutzend anderer Käfer, drei Weidenbläulinge gefangen; vorsichtig nahm ich einen von ihnen mit der Pinzette auf und betrachtete ihn im Licht der Arbeitslampe. Was für ein Kleinod! Die wechselnde Färbung der Flügeldecken, die wohlproportionierte Feinheit des Gliederbaus setzten mich in Erstaunen, und ich war überzeugt, nie einen solch wunderbaren, faszinierenden Fang gemacht zu haben; beinahe tat es mir um die übrigen Käfer der Sammlung leid, denn neben dem Weidenbläuling mussten sie sich wie biedere Verwandte ausnehmen. Zugleich fragte ich mich, warum die Natur mit ihren Schätzen einen so mutwilligen Umgang pflegt, selbst die imposantesten ihrer Geschöpfe im Handumdrehen, geradezu mit einer Geste der Verachtung, zugrunde gehen lässt. Eines der Tiere hatte ich am frühen Morgen erbeutet: Es flog in raschem Tempo, kleine und lustige Schwenkungen machend, zwischen den Weidenstämmen dahin, scheinbar mit einem unerschöpflichen Vorrat an Zeit versehen und sein eben erst beginnendes Dasein aus dem Vollen genießend. Ein anderes war mir am Nachmittag ins Netz gegangen; es hatte schon das Stadium der Vergreisung erreicht, ich fischte es aus dem dunklen Wasser, wo es regungslos, kaum noch die Fühler rührend, zwischen Sumpfgräsern dahintrieb, als träume es den Traum seines herannahenden Todes.

Der Daseinszweck eines jeden Tieres besteht darin, Nachkommen zu erzeugen und den Fortbestand der Art zu sichern – so heißt es gewöhnlich, und so lässt es sich auch nicht bestreiten. Aber muss ein Tier seinen Daseinszweck in so blinder, trostloser Eile erfüllen wie der Weidenbläuling? Und hat es danach nichts anderes mehr zu tun, als von der Erde zu verschwinden, in den Kreislauf der Materie zurückzusinken? Und welchen Sinn hat die Fortpflanzung, wenn das neue Wesen, das entsteht, seinerseits kein anderes Ziel hat, als sich fortzupflanzen, und das nächste ebenso, und immer so weiter? Ist dies nicht ein Zweck um des Zweckes willen? Ein sinnleeres, ausschließliches Dienen, das an sich selbst genug hat? Gibt es nicht noch etwas anderes, etwas Höheres und Besseres, das über das Dienen hinausgeht?

In den nächsten Wochen machte ich regelmäßig Jagd auf den Weidenbläuling. Das neue Revier übte eine erregende, wenn auch zwiespältige Wirkung auf mich aus: Halb war mir beklommen zumute, ich konnte die Weiden mit ihren melancholisch herabhängenden Ästen, den mattsilbrigen, wie Haare ausgezogenen Blättern nicht ohne Unbehagen sehen; halb freute ich mich auch, ein neues Jagdrevier gefunden zu haben, das mir die ungewöhnlichsten und tollsten Fänge verhieß. Stunden um Stunden stapfte ich kreuz und quer auf den ungewissen Pfaden, oder ich lieh mir von einem Bauern einen flachen Kahn, mit dem ich über die Wasserarme ruderte. In meinem Jagdeifer ließ ich mich, was sonst nur selten geschah, zu Unvorsichtigkeiten verleiten: Ich verfing mich in Schlingpflanzen, die im trüben Wasser verborgen waren oder wie Tentakel von den Bäumen hingen, und mehrmals konnte ich mich nur mit Mühe aus dem Morast befreien, in den meine Stiefel, von unheimlichen Kräften nach unten gezogen, bis über die Knie einsanken.

Die Saison des Weidenbläulings erstreckt sich über drei Monate hin, vom frühen Mai bis in den späten Juli. Im Laufe der Zeit gelang es mir, fünf Dutzend Exemplare zu fangen; dies war zwar eine bescheidene Ausbeute, wie mir schien, doch der Weidenbläuling gehört nun einmal, selbst wo er für sein Gedeihen günstige Bedingungen vorfindet, zu den seltenen Käfern. Ich brachte die Tiere in fünf verglasten Kästen unter und hängte sie nebeneinander an die Wand. Das Quintett, wie ich es nannte, bot einen reizvollen Anblick, und in der ersten Zeit konnte ich es, in einer Art kindlichem Enthusiasmus, gar nicht oft genug betrachten. Dabei besaßen die sechzig Käfer auch einen skurrilen, beinahe zum Lächeln reizenden Zug: Sie erinnerten mich an Soldaten, die in blauen und silbernen Paradeuniformen, streng in Reih und Glied geordnet, unter den gläsernen Deckeln dahinmarschierten.

Im Herbst, als die Käferzeit zu Ende war, die langen, stillen Monate begannen, in denen für einen Sammler nicht viel zu tun ist, trug ich manchmal einen der Kästen ans Fenster, um die Flügeldecken im Licht spielen zu lassen. Die Weidenbläulinge sahen mich mit ihren winzigen, schwarz schimmernden Augen an, und dann stellte ich mir vor, sie seien nicht tot, sondern nur in einer Art Schlummer befangen. Ich fragte mich, ob es wohl ein geheimes Wort gebe, mit dem ich sie wieder zum Leben erwecken, den Bann ihres todlosen Daseins durchbrechen könne, und ob sie womöglich, durch das Glas zu mir hinäugend, mit heimlicher Spannung eben dies Wort von mir erwarteten; doch da ich es nicht kannte, mussten sie in ihrer Regungslosigkeit verharren.

Ich spürte ein Gefühl der Zufriedenheit und Genugtuung, das ich in meinem Sammlerleben bis dahin nicht gekannt hatte. Es war mir gelungen, die Weidenbläulinge vor dem Zugriff der Vergänglichkeit zu bewahren, ihnen unter dem Dach der Försterei ein Asyl zu bereiten. Draußen in der Natur wären sie einem raschen und unwürdigen Tod zum Opfer gefallen, hier drinnen schenkte ich ihnen ein zweites Leben. Die Zeit konnte ihr zerstörerisches Werk nicht mehr an ihnen verrichten, sie waren, als hätte ich sie mit einem Zauberstab berührt, dem Spiel von Werden und Vergehen entzogen. So gewann mein Sammeln einen neuen Sinn, oder ein Sinn, der sich schon lange darin verborgen hatte, war zu meinem Glück offenbar geworden.

3

Ich bewahrte einen Teil meiner Sammlung im Keller der Försterei auf. Es handelte sich um die Sperrholzkisten aus meiner Jugend; sie waren mir ans Herz gewachsen, ich hegte sie als liebe Erinnerungsstücke, zugleich jedoch empfand ich sie auch als ein wenig unschön, und so wollte ich ihnen in den oberen Räumen keinen Platz zugestehen. Eines Morgens, es war im Winter, kam mir der Gedanke, wieder einmal einen Blick auf meine alten Lieblinge zu werfen. Ich stieg in den Keller hinab, öffnete eine der Schachteln und erschrak: Ein Modergeruch schlug mir entgegen, und alle Käfer waren mit weiß-grünlichem Schimmel bedeckt, der wie ein dichter Pelz ihre Körper umhüllte. Einige hatten ihre Beine und Fühler verloren, sie mussten ihnen abgenagt worden sein. Ich öffnete weitere Kisten – überall der gleiche Schrecken. In einer sah ich einen dünnen, hautfarbenen Wurm, der, scheinbar behaglich in den weichen Schimmel geschmiegt, an einem Käfer nagte. In einer anderen Kiste wimmelten Ameisen: Hier waren die Käfer schier aufgefressen, nur einige unverdauliche Reste lagen auf dem Kistenboden umher, und die Nadeln ragten nackt, wie stumme Zeugen oder Mahnmale des Massakers, in die Höhe.

Der Keller war dumpfig und feucht, an manchen Tagen tropfte Wasser von der niedrigen Decke herab, und es gab keine Fenster oder Schächte, durch die frische Luft hätte einströmen können. Noch von alter Zeit her lagerte Gerümpel in den Ecken, das ich bei meinem Einzug nicht fortgeschafft hatte und in dem sich wohl allerlei Ungeziefer verborgen hielt. Kein Zweifel, ich hatte eine Unvorsichtigkeit begangen, in diesen Katakomben meine alten Schätze aufzubewahren. Zwar wusste ich, wie jeder Sammler, dass präparierte Käfer von mancherlei Gefahren bedroht sind: Milben fressen ihre Schuppen, Würmer zernagen ihre Panzer, Motten scheren ihre Beine ab, Schaben verzehren die Eingeweide. Doch hatte ich bisher kaum je Bekanntschaft mit solchen Räubern gemacht, meine Funde waren, solange ich zurückdenken konnte, immer verschont geblieben, und so hatte ich mir den ebenso naiven wie bequemen Glauben zurechtgelegt, dass dies für alle Zeiten so bleiben werde.

Beklommen fragte ich mich, ob wohl auch in den oberen Zimmern, ohne dass ich es bisher bemerkt hätte, Schädlinge am Werk seien. Ich eilte hinauf, nahm einige Kästen von den Wänden und unterzog sie einer genauen Untersuchung. Tatsächlich fand ich nach einer Weile einen Braunen Rüsselbock, auf dessen Panzer sich ein feiner, mit dem bloßen Auge nur zu erahnender, unter der Lupe jedoch deutlich sichtbarer Schimmelbelag gebildet hatte. Damit nicht genug: Ein Rhinozeroskäfer, der zu den Schmuckstücken meiner Sammlung gehörte, hatte ein Stück der rechten Flügeldecke eingebüßt, und der linke Fühler war ihm gekappt. Bei einem Kapuzinerkäfer entdeckte ich ein winziges Loch in der Flanke, und als ich seinen Leib mit dem Seziermesser aufschnitt, stieß ich auf ein Nest von weißlichen Würmern, die sich im Licht der Lampe ringelten wie eine Schlangenbrut.

Nun musste viel geschehen. Als Erstes trug ich sämtliche Kästen aus dem Keller nach oben, schichtete sie auf dem Vorplatz der Försterei zu einem großen Stapel und verbrannte sie. Beim Anblick der Flammen fühlte ich mich jämmerlich: Wie viel Fleiß und wie viel Liebe hatte ich nicht an diese Käfer gewendet! Doch es führte kein Weg an der Prozedur vorbei, so traurig und nervenzehrend sie auch sein mochte. Die Vernunft gebot, alles mit Stumpf und Stiel zu vernichten, denn nur so konnte ich sicher sein, dass nicht einzelne Schädlinge zurückblieben, die früher oder später vom Keller ausschwärmen und die ganze Försterei verseuchen konnten.

Anschließend wandte ich mich den oberen Räumen zu. Ich unterzog alle Kästen einer gründlichen Reinigung, was mich über mehrere Tage hin vom Morgen bis zum Abend beschäftigte. Jeden einzelnen Käfer bürstete ich mit einem weichen Pinsel ab, um ihn von Schmutz und ersten Anflügen von Schimmel zu befreien. Dies war eine heikle Arbeit, bei der ich große Vorsicht walten lassen musste, denn schon durch die geringste Unachtsamkeit konnte ich die empfindlichen Tiere beschädigen. Als Nächstes säuberte ich mit einer kräftigen Bürste das Innere der Kästen, suchte nach Ritzen und kleinen Löchern im Holz, durch die Schädlinge hätten eindringen können, und verschloss sie mit Kitt. Als Letztes stellte ich in allen Zimmern des Hauses Schälchen mit Nitrobenzol auf. Hierbei handelt es sich um eine stark riechende, auf Insekten tödlich wirkende Substanz; sie gilt als zuverlässiges Mittel zum Schutz einer Sammlung, wird von Käferfreunden jedoch nur selten eingesetzt, weil der Geruch widrig und durchdringend ist. Tatsächlich setzte er mir in den ersten Wochen stark zu: Ich litt an Kopfschmerzen, und öfters im Laufe des Tages befiel mich ein heimlicher, oder gar nicht so heimlicher, Brechreiz. Dann aber gewöhnte ich mich an ihn und redete mir nicht ohne Erfolg ein, dass ich ihn nur noch schwach wahrnähme, ja dass er eigentlich gar nicht mehr vorhanden sei. Nur wenn ich von meinen Beutezügen heimkehrte, nach vielen Stunden an der frischen Luft über die Schwelle der Försterei trat, schlug er mir wie ein Hieb entgegen.

Ich hatte nun alles getan, was ein gewissenhafter Mensch tun kann, und fühlte mich erleichtert. Meine Sammlung war in Sicherheit, ich war noch einmal rechtzeitig gewarnt, aus meiner sträflichen Leichtsinnigkeit aufgestört worden, die so wenig zu meinem sonstigen Wesen passte und deren ich mich in der Rückschau geradezu schämte. Nur in manchen Stunden empfand ich noch ein gewisses Unbehagen; der Schrecken, der mich beim Anblick der verschimmelten und zerfressenen Käfer gepackt hatte, wirkte in meinem Innern fort, und es konnte geschehen, dass ich mitten in der Jagd, wenn meine Gedanken auf ganz andere Dinge gerichtet waren, plötzlich irgendwo das Prasseln der brennenden Kästen zu hören meinte; oder ich sah, wenn ich mit dem Kahn durch die Sümpfe ruderte, zwischen den Weiden wie ein Irrlicht die roten Flammen spielen, in denen sich die Schätze aus meiner Kindheit in Asche verwandelten.

4

Eines Tages, als ich die Kästen wieder einmal routinemäßig reinigte, bemerkte ich, dass die Köpfe der Nadeln, mit denen die Käfer befestigt waren, Spuren von Rost zeigten. Bei manchen Nadeln handelte es sich nur um einen feinen Hauch, den ein weniger aufmerksamer Beobachter wohl gar nicht wahrgenommen hätte; andere dagegen waren mit einer dicken, unverkennbaren Rostschicht bedeckt. Ich zog einige Nadeln heraus, betrachtete sie sorgfältig unter der Lupe und stellte fest, dass nicht nur derjenige Teil, der die Käfer überragte, sondern auch der andere, der in ihren Körpern steckte, von Rost befallen war. Dies setzte mein Nachdenken in Gang: Musste der Rost nicht eine schädliche Wirkung auf die Käfer haben? Lag es nicht nahe, dass er sich ihren Körpern mitteilen, dass er sie von innen her angreifen, früher oder später vielleicht sogar zerfressen würde?

Ich überlegte, ob ich die Nadeln, sobald sich an ihnen Anflüge von Rost zeigten, durch neue ersetzen sollte. Dies schien mir ein zweckmäßiger, einleuchtender Schritt, doch mochte er andererseits auch gewisse Gefahren bergen. Wenn ich in regelmäßigen Abständen die alten Nadeln aus den Käfern herausziehen und, an genau derselben Stelle im Rücken, neue in sie hineinbohren würde, musste ich, selbst wenn ich ein äußerstes Maß an Sorgfalt und Behutsamkeit anwandte, die Käfer strapazieren; denn es war unvermeidlich, dass sich das Loch in ihrem Körper jedes Mal um ein kleines Stück erweitern würde. Also beschloss ich, auf diese Maßnahme zu verzichten, die rostigen Nadeln als ein Übel zu betrachten, mit dem ich mich notgedrungen, wenn ich ein noch größeres Übel verhindern wollte, abfinden musste. Allerdings fühlte ich mich nicht wohl dabei, ein Zweifel blieb in mir zurück; und immer, wenn ich seither einen neuen Käfer fing und in der Werkstatt eine Nadel durch seinen Körper trieb, musste ich daran denken, dass ich einen Prozess in Gang setzte, der für den Käfer vermutlich ungünstige Folgen hatte und den ich nie mehr würde rückgängig machen können.

Eines Morgens, als ich eben einen Kasten mit Weidenbläulingen vor mir auf dem Arbeitstisch liegen hatte, um die Tiere mit dem Pinsel zu reinigen, lief eine Maus quer durchs Zimmer. Das versetzte mir einen leichten Schrecken; denn Mäuse sind Allesfresser, sie ernähren sich auch von Insekten, lebendigen wie toten. Wenn ich nicht im Hause gewesen wäre, den geöffneten Kasten ungeschützt hätte liegen lassen, wie ich es, ohne mich irgendeiner Gefahr zu versehen, immer wieder einmal tat: Hätte sich die Maus dann über die Weidenbläulinge hergemacht?

Mäuse gehören zum ländlichen Leben. Es gab sie in der Försterei in großer Fülle, das ganze Jahr hindurch liefen sie mir in den Zimmern, vom Keller bis zum Dachboden, über den Weg. Meist huschten sie als flinke Schatten an den Fußleisten entlang und verschwanden, ehe ich sie noch recht bemerkt hatte, in Löchern oder Ritzen; manche waren auch so mutig, auf Stühle, Tische und Schränke zu klettern, und sogar auf den Gardinenstangen, dicht unter der Zimmerdecke, hatte ich sie schon entdeckt, ohne dass mir klar geworden wäre, was sie dort oben zu suchen hatten. Der Anblick der possierlichen Tiere war mir nicht unangenehm; in warmen Sommernächten, wenn ich nicht einschlafen konnte, lauschte ich Stunde um Stunde, wie sie im Finstern, mal nahe und mal fern, ihr Wesen trieben, sich raschelnd und pfeifend und wispernd, mit unermüdbarer Munterkeit, ihren Mäuse-Bewandtnissen widmeten.

Seit dem Erlebnis in der Werkstatt fing ich an, sie mit anderen Augen zu betrachten. Es beunruhigte mich, dass in einem Haus, das eine umfangreiche Sammlung von Käfern beherbergte, Tiere lebten, die Käfer fraßen. Kein Zweifel, die Mäuse würden jede Gelegenheit, sich einen meiner Schätze zu schnappen, unfehlbar ausnutzen; und solche Gelegenheiten ergaben sich, zumindest wenn ich es an der nötigen Vorsicht fehlen ließ, in Hülle und Fülle. So hatte ich zum Beispiel die Gewohnheit, alle neu gefangenen Käfer, ehe ich sie in den Kästen unterbrachte, einige Tage lang in kleinen Papiertüten zu lagern, um sie trocknen zu lassen. Deshalb lagen in der Werkstatt, auf Regale und Anrichten verteilt, immer zahlreiche Käfer umher, die nur durch eine dünne, mühelos zu zernagende Hülle geschützt waren. Mussten sie die Mäuse nicht in geradezu unwiderstehlicher Weise anlocken?

Ich entsann mich, dass ich vor Jahren einmal meine Sammelbüchse, von der Jagd nach Hause kommend, für zwei oder drei Stunden offen auf dem Boden abgelegt hatte; als ich sie wieder aufnahm, sprang eine Maus heraus. Diesem Vorfall hatte ich damals kaum Beachtung geschenkt, ja er hatte mich sogar ein wenig belustigt, denn die Büchse war leer gewesen, die Maus hatte daher keinen Schaden anrichten können, und es war ein drolliger Anblick gewesen, wie sie, von panischem Schrecken gepackt, aus der Büchse hervorgehüpft war. In der Rückschau allerdings gab mir die Geschichte zu denken: Wenn die Büchse, wie so oft nach der Jagd, wertvolle Funde enthalten hätte, wäre mir dann das Lachen nicht im Halse stecken geblieben?

Jetzt erinnerte ich mich auch einer Meldung, die ich vor Längerem in der Zeitung gelesen hatte. Ein Käfersammler, der nahezu erblindet war, lebte allein in einer Dachkammer. Um ihn herum brach eine Mäuseplage aus; die Räuber fraßen, ohne dass er etwas davon bemerkte, den größten Teil seiner Sammlung auf. Ein Nachbar kam zu Besuch und machte ihn auf das Unheil aufmerksam; vor Entsetzen traf ihn der Schlag.

Ich stellte nun in allen Zimmern Fallen auf, die ich mit Speck als Köder versah, in den größeren Zimmern sogar zwei oder drei. Jeden Morgen, bevor ich mich auf die Jagd begab, machte ich einen Rundgang durchs Haus und inspizierte die Fallen; und nahezu immer wurde ich fündig. Wenn ich eine tote Maus in der Hand hielt, von Nahem ihre starrenden Äuglein, ihre Schnauze mit den nadelspitzen Zähnen betrachtete, fiel es mir schwer zu begreifen, dass ich sie und ihresgleichen einmal als niedlich, als sympathische Genossen meiner Einsamkeit empfunden hatte; stattdessen sah ich in ihnen nur noch tückische Wesen, die zu vielen unheilvollen Dingen in der Lage waren und denen ich das Schicksal bereitete, das sie verdienten. Ich trug die Kadaver vor das Haus; dort vergrub ich sie in der Erde, um kein Ungeziefer anzulocken, oder warf sie mit kräftig ausholendem Schwung ins Weite.

Eines Tages fing ich in einem ausgehöhlten Baumstamm einen Rhinozeroskäfer. Meine Freude war groß, denn nun konnte ich das lädierte Exemplar, dem ein Teil der Flügeldecke abhandengekommen war, durch ein unversehrtes ersetzen. In der Werkstatt nahm ich den alten Käfer aus dem Kasten, um den neu gefangenen hineinzusetzen, und legte dabei beide Tiere auf dem Arbeitstisch nebeneinander. Da fiel mir zu meiner Verwunderung auf, dass die Färbung des neuen Exemplars schöner und leuchtkräftiger war. Das alte, das ich vor etwa fünfzehn Jahren gefangen hatte, nahm sich neben ihm matt, verschossen aus, war wie mit einem Firnis überzogen, unter dem aller Glanz verschwand; selbst das schwarze Horn, dem das Tier seinen Namen verdankt, machte einen angestaubten Eindruck. Dies erregte meinen Argwohn: War es möglich, dass die Käfer in den Kästen mit der Zeit verblassten, dass sie durch die Einwirkung des Lichts ihre Farben verloren?

Ich ging in das Zimmer, in dem der Rhinozeroskäfer seinen Platz hatte. Es war mittäglich hell erleuchtet, förmlich in Licht gebadet, durch die Fenster schien mit voller Kraft die Sonne herein. Ich untersuchte einige Kästen an den Wänden, und tatsächlich glaubte ich festzustellen, dass zwar nicht alle, so doch viele Käfer ein erschöpftes, angewelktes Aussehen hatten. Auch die winzigen Zettel, die neben jedem Tier befestigt waren und auf denen ich, in meiner feinen akkuraten Handschrift, den Namen der Spezies in deutscher und lateinischer Sprache vermerkte, sahen vergilbt aus; die schwarze Tinte hatte sich aufgehellt, viele Wörter waren kaum mehr zu entziffern, näherten sich der Schwelle zum Verlöschen.

Diese Entdeckung versetzte mir einen Schlag. Mitten in der Försterei waren die Käfer dem Verfall preisgegeben! Und ich selbst war nicht unschuldig daran, denn in leichtsinniger Weise, ohne mir über mein Tun die geringsten Gedanken zu machen, setzte ich sie dem grellen Licht aus! Mit Beschämung dachte ich daran, dass ich im Laufe der Jahre wohl Hunderte Male vor den sonnenbeschienenen Wänden gestanden hatte, um mich an den prächtigen, im Licht glühenden Farben zu erfreuen – und dass die Farben durch eben dieses Glühen zerstört wurden! Gerade in den schönsten Augenblicken, wenn die Käfer ihre volle Pracht entfalteten, verloderten sie vor meinen Augen!

Von nun an hielt ich die Vorhänge in der Försterei den ganzen Tag hindurch geschlossen. Auch in jenen Zimmern, deren Fenster nach Norden gingen, machte ich keine Ausnahme; denn ich sagte mir, dass schon ein geringer Einfall von Licht schädliche Folgen haben könne, und nach den zahlreichen Nachlässigkeiten, die ich mir in der Vergangenheit geleistet hatte, musste ich nun doppelt vorsichtig sein und selbst den Hauch einer Gefahr vermeiden. Die Vorhänge tauchten die Försterei in ein gedämpftes, schwebendes Licht, das mich zwang, selbst zu den hellsten Stunden des Tages die Deckenlampen einzuschalten. Diese kleine Unbequemlichkeit nahm ich gerne in Kauf: Ich betrachtete sie als ein Opfer, das ich für den Erhalt meiner Sammlung erbringen musste, und zugleich als eine Strafe, die ich mir selbst auferlegte, um für meinen Leichtsinn zu büßen.

5

Ich erhielt Besuch von Schartenberg; er war längere Zeit nicht bei mir gewesen. Als ich ihn an der Tür begrüßte, verzog er als Erstes das Gesicht zu einer Grimasse, legte mit einer theatralischen Geste den Zeigefinger unter die Nase und brachte hervor: »Nitrobenzol!« Der Zufall wollte es, dass ich kurz zuvor, wie ich es alle vierzehn Tage tat, die schwarze Flüssigkeit in den Schälchen erneuert hatte; so mochte der Geruch besonders angreifend sein. Ich berichtete ihm von den Verlusten, die ich im Keller und anderswo erlitten hatte, und dass ich entschlossen sei, künftig energischer gegen Schädlinge vorzugehen.

»Ja, da haben Sie recht, man muss vorsichtig sein«, sagte er mit seiner dumpfen, tonlosen Stimme, und ich merkte deutlich, dass er Mühe hatte, seinen Ekel im Zaum zu halten. Ich bot ihm an, ein Fenster zu öffnen, falls der Geruch ihm allzu unangenehm sein sollte; er antwortete mit einer abwinkenden Geste, die allerdings sichtlich erzwungen, nur aus Höflichkeit geboren war und die mich eigentlich darin hätte bestärken sollen, für frische Luft zu sorgen; dennoch konnte ich mich nicht dazu entschließen.

Als wir durch den Flur gingen, stieß Schartenberg mit dem Fuß gegen eine Mausefalle. Der Bügel schnappte zu, erfasste die Spitze seines Schuhs, und Schartenberg war so erschrocken, dass er ins Straucheln geriet und mit der Schulter gegen die Wand stieß. Ich entschuldigte mich und erklärte ihm, warum ich die Fallen aufgestellt hatte.

»Haben Sie in Ihrem Haus auch Mäuse?«, fragte ich. »Bei

mir laufen sie von morgens bis abends in sämtlichen Zimmern herum, es ist eine rechte Plage.«

»Natürlich habe ich Mäuse!«, erwiderte Schartenberg und rieb sich, wiederum theatralisch, wie mir schien, die Schulter. »Aber wenn es eine Plage gibt, sind es nicht die Mäuse, sondern die Fallen.«

Wir setzten uns, wie jedes Mal, an den Tisch in der Werkstatt, ich breitete vor Schartenberg einige interessante Funde aus, die ich in letzter Zeit heimgebracht hatte, und wir unterhielten uns über dies und jenes.

Schartenberg war einsilbig, schien nicht recht bei der Sache zu sein, und weniger aus Interesse an einer Antwort, als weil ich bemüht war, das Gespräch auf einen ergiebigen Gegenstand zu lenken, fragte ich ihn, ob er schon einmal bemerkt habe, dass die Nadeln in den Käferkästen mit der Zeit Rost ansetzten.

Nein, sagte er, das habe er noch nicht bemerkt; dabei hob er einen Käfer, der vor ihm auf dem Tisch lag, mit der Pinzette in die Höhe und betrachtete ihn durch seine Lupe; vermutlich wollte er mir hiermit zu verstehen geben, dass er diese Frage für uninteressant halte und nicht gewillt sei, mehr als das Nötigste auf sie zu antworten.

»Ich habe es früher auch nicht bemerkt«, fuhr ich fort. »Man kann den Rost leicht übersehen, schon weil der Nadelkopf so klein ist. Hat man ihn jedoch einmal bemerkt, fängt man unweigerlich an, sich seine Gedanken darüber zu machen.«

Schartenberg ließ den Kopf zur Schulter hin sinken und blickte mich, an der Lupe vorbei, mit starren Augen an, ohne dass ich recht verstehen konnte, was er damit zum Ausdruck bringen wollte.

»Man lernt als Sammler nie aus«, sagte ich. »Früher war ich überzeugt, die Käfer seien, sobald ich sie einmal gefangen und unter Dach und Fach gebracht hatte, vor allen Gefahren geschützt. Wenn ich einen Käfer in seinem Kasten betrachtete, schien er mir unverletzlich, dem Verfall entzogen, wie eine Fliege im Bernstein. Doch inzwischen habe ich eingesehen, dass dies ein Irrtum ist. Die Käfer zu präparieren und an die Wand zu hängen, bedeutet noch nicht viel, es ist nur ein erster Schritt. Man muss seine Schätze immerzu gegen die Vergänglichkeit verteidigen, das ganze Sammlerleben hindurch, es ist geradezu ein Kampf; wenn man auch nur für kurze Zeit nachlässt, sich hier oder da eine winzige Nachlässigkeit erlaubt, dringt sogleich das Unheil herein.«

Schartenberg legte den Käfer auf den Tisch zurück und kratzte sich mit der Pinzette hinter dem Ohr. »Ja, Sie haben wohl recht«, sagte er. »Man kann nicht vorsichtig genug sein.«

Später führte ich ihn, wie jedes Mal, im Haus herum und zeigte ihm die Sammlung. Als Erstes traten wir in das »Soldatenzimmer«, wie ich es scherzhaft nannte – hier bewahrte ich die Weidenbläulinge auf. Mit der Zeit hatte ich so viele von ihnen gefangen, dass sie über ein Dutzend Kästen füllten und eine ganze Wand einnahmen.

»Was ist denn das!? Lauter Weidenbläulinge!«, rief Schartenberg aus. In der Tat kann ich sagen, dass er es »ausrief«, denn er hob deutlich seine Stimme, was bei diesem ruhigen

Mann, den ich, solange wir einander kannten, immer nur in verhaltenem, fast bis zum Murmeln abgedämpftem Ton hatte sprechen hören, etwas Bemerkenswertes war. Mit knarrenden Sohlen, die Hände in die Seiten gestützt, ging er an der Wand entlang und sagte halblaut vor sich hin »Weidenbläulinge, Weidenbläulinge, Weidenbläulinge«. Dabei war er geistesgegenwärtig genug, zwischendurch einen Blick auf den Boden zu werfen, um nicht gegen Mausefallen zu stoßen. Vor dem letzten Kasten blieb er stehen und trat so nahe an ihn heran, dass er ihn beinahe mit der Nasenspitze berührte und das Glas von seinem Atem beschlug.

»Ich habe mich auf die Weidenbläulinge spezialisiert«, sagte ich.

»Spezialisiert?!«, fragte er, fast als habe er dieses Wort noch nie gehört.

»Ja, so ist es. Sie wissen, dass die Weidenbläulinge nur einen einzigen Tag leben.«

»Das weiß ich!«, sagte er, zog seine Lupe aus der Tasche und äugte in den Kasten hinein.

Es lag mir auf der Zunge, noch dies und jenes hinzuzufügen, doch glaubte ich, mit meinen wenigen Worten bereits alles Entscheidende gesagt zu haben; zudem wurde mir in diesem Moment deutlich, dass Schartenberg niemals in der Lage sein würde, mich zu verstehen, gleich ob ich viel oder wenig zu ihm sagte – also schwieg ich. Die Tatsache, dass die Weidenbläulinge nur ein kurzes Leben haben, machte nicht den geringsten Eindruck auf ihn, und schon gar nicht wäre er auf den Gedanken gekommen, ihnen darum in seiner eigenen Sammlung einen herausgehobenen Platz einzuräumen. Der gewöhnliche Käfersammler – und zweifellos gehörte Schartenberg zu diesen – strebt nach Mannigfaltigkeit, er will so viele verschiedene Käfer wie möglich sammeln, und von jeder Art nur ein einziges Exemplar oder höchstens zwei. Ihm verständlich machen zu wollen, warum ich von dieser Allerweltsregel abwich, wäre verlorene Mühe gewesen. Zwar fehlte es mir nicht an guten Gründen für mein Tun; ich hätte die große Liebe, die ich für die Weidenbläulinge empfand, gewiss auf überzeugendere Art begründen können als Schartenberg die achselzuckende Gleichgültigkeit, die er ihnen entgegenbrachte; doch die Auffassungen, die er vom Käfersammeln besaß, waren nicht nur simpel und töricht, sie waren auch starr und unveränderlich; und so versagte ich mir's. Dabei empfand ich beinahe einen Groll gegen ihn: Die selbstzufriedene und gönnerhafte Miene, mit der er meine Kästen begutachtete, schien mir eine Herausforderung; ich hielt ihn für einen tumben Ahnungslosen, der ebenso gut Bierdeckel oder Briefmarken hätte sammeln können, mit dem mich nicht das Geringste verband und dem ich nur aufgrund eines Missverständnisses die Tür zu meinem Hause geöffnet hatte.

Wir tranken noch eine weitere Flasche in der Werkstatt, doch die Unterhaltung kam nicht mehr in Gang. Früher als sonst erhob sich Schartenberg, um zu gehen; und ich versuchte nicht, ihn zurückzuhalten. Als ich ihn hinausbegleitete und wir auf der Vortreppe der Försterei standen, öffnete er weit den Mund und sog vernehmlich, mit einer Art genießerischen Schlürfens, die Abendluft ein.

»Ah! Das tut gut!«, sagte er und warf mir, über die Schulter hinweg und noch immer mit aufgesperrtem Mund, einen spöttischen Blick zu. Ich erwiderte nichts und wandte mich ins Haus zurück.

6

In den Wintermonaten machte ich gern lange Spaziergänge durch die Wälder, bei denen ich mich meinen Gedanken hingab. Einmal streifte ich, gehüllt in einen Schafspelzmantel und mit keinem anderen Proviant ausgestattet als einem Beutel Tabak, durch einen Buchenwald. In der Nacht zuvor hatte es geschneit, der Boden war mit hohem Schnee bedeckt, und auf den Zweigen über mir lagerten dicke Polster, die hin und wieder, ihrer eigenen Last nachgebend, mit Stäuben und Glitzern niedergingen. Plötzlich trat ich in ein Loch, das unter der weißen Decke verborgen war, und fiel mit Wucht vornüber. Ein stechender Schmerz im Fuß ließ mich aufstöhnen; mühsam, alle Kräfte zusammenreißend, in einem Zustand halber Benommenheit, arbeitete ich mich aus dem Schnee heraus. Ich konnte nicht mehr auftreten, der Schmerz war zu groß; langsam humpelte ich voran, tastete mich mit den Händen von Baumstamm zu Baumstamm. Die Försterei lag einige Meilen entfernt, selbst in unverletztem Zustand hätte mich der Rückweg viel Kraft gekostet; mit dem schmerzenden Fuß jedoch durfte ich kaum hoffen, sie zu erreichen. Die Kälte drang in meinen Körper, fiel über mich her wie über ein geschwächtes, waidwundes Tier. Bald setzte die Abenddämmerung ein, verwandelte die Bäume, die mein einziger Halt waren, in schwarze, bösartige Ungetüme. Der Schmerz wurde immer peinigender, strahlte vom Fuß in das Bein aus und vom Bein in den übrigen Körper. Wieder und wieder kam mir der Gedanke, wie erlösend es sein müsse, alle Anstrengungen aufzugeben, niederzusinken und mir in der Tiefe des Schnees ein Grab zu bereiten ... Als es schon fast finster war, sah ich in der Ferne die Silhouette der Försterei auftauchen. Mit keuchendem Atem kämpfte ich mich voran, der Anblick des rettenden Hauses flößte mir Kraft ein; zugleich quälte mich die Angst, ich könnte, nun da ich dem Ziel so nahe war, doch noch vor Entkräftung zusammenbrechen. Fast ohnmächtig erreichte ich die Vortreppe, kroch sie Stufe um Stufe, die Ellenbogen zu Hilfe nehmend, hinauf und stolperte mit vor Kälte tauben Gliedern, kaum eines Gefühls der Erleichterung fähig, über die Schwelle.

Der Landarzt stellte fest, dass mein Fuß zum Glück nicht gebrochen, sondern nur verstaucht war, und verordnete mir zwei Wochen Bettruhe. Ich hielt diese Maßregel ein; doch die Zeit, die ich im Bett verbrachte, war keineswegs »ruhig«, jedenfalls nicht für meine Seele. Ich stellte mir vor, was geschehen wäre, wenn ich die Försterei nicht mehr erreicht, in Kälte und Schnee mein Ende gefunden hätte – und dieser Gedanke flößte mir Grauen ein. Dabei war es mir nur wenig um mich selbst zu tun, der Tod besaß keinen großen Schrecken für mich, vielmehr dachte ich an das Schicksal der Sammlung. Die Käfer waren auf mich angewiesen; was hätte aus ihnen werden sollen ohne mich? Es gab niemanden auf der Welt, der sich nach meinem Tod ihrer annehmen würde, sie müssten verwaist und preisgegeben zurückbleiben, in einem Haus, das ohne Hüter war. Die kleine Welt, die ich in der Försterei geschaffen hatte, das Werk meiner großen, seit Kinderzeiten gehegten Liebe, wäre ohne Schutz gewesen, hätte verkommen müssen.

Ich dachte daran, wie unbekümmert und leichtsinnig ich gewesen war – wieder einmal! Solange ich in der Försterei lebte, hatte ich immer wieder sorglos schweifende Gänge durch die Wälder gemacht, war nicht selten so tief in die Ödnis vorgedrungen, dass ich kaum noch eine Vorstellung davon besaß, in welcher Richtung die Försterei lag. Es brauchte ja nicht einmal Schnee zu liegen – immer und überall konnte ich einen unglücklichen Schritt tun, von einem herabstürzenden Ast getroffen werden oder sonst ein Missgeschick erleiden. Die Einsamkeit der Wälder war groß, und wenn ich mir eine Verletzung zuzöge, würde niemand mich finden, niemand meine Rufe hören, hilflos müsste ich am Boden liegen und verschmachten …

In den dunklen Fichtenwäldern hausten Vipern und Kreuzottern. Schon öfters war es vorgekommen, dass ich bei einer mittäglichen Rast, wenn ich mich auf den Boden setzte und meinen Proviant verzehrte, unversehens mit einer von diesen Bestien Bekanntschaft gemacht hatte. Auch Wildschweine zogen in der Gegend umher. Zwar hegte ich vor ihnen einen gesunden Respekt, doch hin und wieder, im blinden Eifer der Jagd, hatte ich mich so nahe an sie herangewagt, dass die Lage mehr als ungemütlich geworden war. Erst vor wenigen Wochen war ich, in der Nähe der Sümpfe, mit dem Fangnetz durch ein dichtes Erlengehölz gepirscht, als ich plötzlich hinter mir Hufgetrappel hörte: Zwei Keiler, der eine gewaltiger als der andere, galoppierten in vollem Lauf auf mich zu, und wenn ich nicht gleich den schweren Rucksack abgeworfen und mich mit äußerster Schnelligkeit auf einen Baum geflüchtet hätte, wäre dieser Jagdtag vermutlich mein letzter gewesen.

Als ich, im Bett liegend, an all dies dachte, konnte ich nicht umhin, mir heftige Vorwürfe zu machen. Ich hatte ein Leben geführt wie jemand, der für nichts auf der Welt Verantwortung trägt, der sich mutwillig, mit der verrückten Unbekümmertheit des Einzelgängers, in die gefährlichsten Abenteuer stürzen darf! Gerade ich, der ich sonst so ernsthaft war, der ich mir etwas darauf zugutehielt, selbst über geringfügige Dinge, die anderen kaum ein Achselzucken wert sind, lange und gewissenhaft nachzudenken, hatte mich in diesem einen Punkt, der doch von so großer Wichtigkeit war, gedankenlos wie ein Kind verhalten!

Ich beschloss, in Zukunft vorsichtiger zu sein. Um Dachse, Füchse, Wildschweine und andere unliebsame Waldbewohner beschrieb ich einen weiten Bogen; um für den Fall einer brenzligen Begegnung gerüstet zu sein, trug ich stets ein Messer mit langer Klinge, einen sogenannten Hirschfänger, am Gürtel. Ich achtete darauf, mich nicht zu weit von der Försterei zu entfernen, auch die Dunkelheit zu meiden, immer schon bei den ersten Anzeichen der Dämmerung heimzukehren. Im Frühling und im Herbst liegt oft Nebel über der Landschaft, der so dicht werden kann, dass man nur noch weißgraue, undurchdringliche Schleier sieht. In der Vergangenheit hatte ich mich nicht selten darin verloren, war lange und orientierungslos herumgestrichen, ohne mich beunruhigen zu lassen, ja im Gegenteil hatte mir die freiwillige Blindheit, das Wandern in der milchigen und wabernden Szenerie, sogar ein gewisses Vergnügen bereitet. Jetzt verließ ich, wenn auch nur ein feiner Dunsthauch über den Feldern schwebte, gar nicht erst das Haus, um das Schicksal nicht herauszufordern.

Trotz all dieser Vorsichtsmaßnahmen blieb eine Unruhe in mir zurück, deren ich nicht Herr werden konnte. Schon seit Längerem lebte ich nicht mehr so ausgeglichen und unangefochten dahin wie früher, die Zufriedenheit meiner Existenz war brüchig geworden. Eine heimliche Kleinmütigkeit, ein Mangel an Zuversicht hatte sich meiner bemächtigt, und jener Sturz im Wald führte diesem Gefühl neue Nahrung zu, schien den Beweis zu erbringen, dass es wohlbegründet war. Von der schönen Illusion, das Unglück werde mich in der Verborgenheit dieses Landstrichs übersehen, war nicht viel übrig. Stattdessen stellte ich mir vor, dass das Unglück Witterung von mir aufgenommen habe, dass es sich freue, endlich auch hier draußen, wo sonst nicht viel zu holen war, ein Opfer aufgespürt zu haben, und dass es heimlich, in Kreisen, die immer enger und bedrohlicher wurden, um die Försterei herumschleiche.

Nach wie vor machte ich Jagd auf die Weidenbläulinge. Dies fügte sich schlecht zu meinen neuen Vorsätzen, denn die Sümpfe lagen in bedenklich weiter Entfernung, und der morastige Grund, die hinterhältigen Schlingpflanzen, die labyrinthische Verworrenheit der Wasseradern bildeten eine nicht geringe Gefahr. Manchmal geschah es auch, dass ich in den Sümpfen von Nebeln überrascht wurde: Sie stiegen rasch und geisterhaft, ohne sich durch Vorzeichen anzukündigen, aus dem Wasser empor und hüllten die Weiden und das Schilf in weiße Nacht. Dennoch wollte ich mich von diesem Revier nicht trennen; die Weidenbläulinge zu fangen und zu bewahren lag mir am Herzen, es hatte sich zu der eigentlichen Passion meines Sammlerdaseins entwickelt, und die Sumpfjagd aufzugeben, die geliebten Falter ihrem allzu kurzen Leben zu überlassen, wäre mir wie ein Exzess der Vorsicht, ja in gewissem Sinn wie ein Verrat erschienen.

An manchen Tagen steigerte ich mich, teils ernsthaft, teils auf spielerische Weise, in die Vorstellung hinein, die Jagd auf die Weidenbläulinge sei ein tollkühnes Abenteuer, in dem ich mein Leben aufs Spiel setzte, das ich aber um des hohen und edlen Zieles willen, das ich mir gesteckt hatte, auf mich nehmen müsste. Dann erschienen mir die Hügel, hinter denen sich die Sümpfe verbargen, wie eine magische Schwelle, die ich überschreiten musste, wenn ich in das ersehnte Reich vordringen wollte. Die auf den Hügeln wuchernden Sträucher, die mit Dornen gespickt waren und in denen ich mir immer wieder Löcher in die Hosenbeine riss, erinnerten mich an eine Zauberhecke – jeder, der nicht zu den Berufenen gehörte, musste in ihnen stecken bleiben und eines elendigen Todes sterben. Wenn ich auf einem der Sumpfpfade plötzlich den Boden unter den Füßen verlor, wie es mir schon oft geschehen war, ohne dass ich je in ernstliche Gefahr geraten wäre, ergriff mich die Angst, dass ich jetzt, zum ersten und zugleich zum letzten Mal, die Stiefel nicht mehr würde hervorziehen können – in einer Art Wachtraum sah ich mich im dunklen Schlick versinken, darüber blieb ich ohne jede Regung stehen, sodass die Stiefel tatsächlich immer tiefer hinabgezogen wurden und ich der Gefahr, die zuerst nur in meiner Vorstellung lebte, zum Eintritt in die Wirklichkeit verhalf.

7

Meine Sammlung schwoll über die Jahre unentwegt an. In jeder Saison brachte ich von der Jagd viele Dutzend Käfer heim, und alle wollten in der Försterei untergebracht sein. Die Kästen breiteten sich über sämtliche Zimmer aus, es gab buchstäblich keine einzige Wand mehr, die nicht über und über behängt gewesen wäre. Früher hatte ich Wert darauf gelegt, dass die Kästen gebührenden Abstand voneinander hielten, sich nicht gegenseitig in die Quere kamen, denn ich wollte jeden einzelnen von ihnen mühelos, ohne dass der Blick nach rechts oder links hin abgelenkt wurde, betrachten können. Eine solche Großzügigkeit durfte ich mir jetzt nicht mehr leisten: Die Kästen rückten enger und enger zusammen, und jeder Winkel des Hauses musste ausgenutzt werden. Eines Tages war ich gezwungen, sogar die Flächen über den Türen und Fenstern zu behängen, was die lästige und etwas unwürdige Folge hatte, dass ich, wenn ich einen Blick in die Kästen werfen wollte, eine Trittleiter benutzen musste.

Schließlich verfiel ich auf einen Notbehelf: Ich stellte in den Zimmern Spanische Wände auf. So gewann ich zusätzlichen Platz, die Försterei schien sich auf wundersame Weise zu erweitern, und ich konnte es mir erlauben, die Kästen wieder so frei und generös anzuordnen wie früher. Meine Freude war groß, in den ersten Wochen liebte ich es, mit schlenderndem Schritt, als händereibender Besitzer, zwischen den neuen Wänden auf und ab zu gehen, und ich fragte mich, warum mir ein so ausgezeichneter Gedanke nicht schon früher gekommen war. Natürlich brachte die neue Anordnung auch gewisse Nachteile mit sich. Da in jedem Zimmer schon bald zwei Spanische Wände standen, in den größeren sogar drei oder vier, konnte ich mich weniger frei und mühelos bewegen als früher. Auch nahm die Försterei jetzt den Charakter eines Irrgartens an. Wenn ich zwischen den Wänden entlangging, hatte ich den Eindruck, dass die Sammlung sich gewissermaßen in Schlangenlinien von einem Zimmer zum nächsten voranbewegte, oder dass die Wände gespenstische Fluchten bildeten, die undurchschaubar ineinander verschachtelt waren und sich bis ins Unendliche hinein fortsetzten. Manchmal erschienen mir die Wände auch wie Spiegel, in denen die Kästen sich reflektierten und vervielfachten; dann konnte mich bei ihrem Anblick ein leichter Schwindel ergreifen, und ich fühlte mich wie ein Gefangener, der von lauter wirklichen oder illusionären Wänden umzingelt ist und den Weg in die Freiheit nicht mehr zu finden weiß.

Seit jeher liebte ich es, am frühen Abend meine Sammlung zu betrachten, diesen oder jenen Kasten, der mir zufällig ins Auge fiel, von der Wand zu nehmen, mit den Fingern über den Rahmen zu streichen, durch das spiegelnde Glas die Käfer zu bewundern, in geistige Zwiesprache mit ihnen zu treten. In solchen Augenblicken empfand ich Genugtuung über mein Werk; ich freute mich an dem akkuraten, wohlgehaltenen Zustand, in dem die Kästen und ihre Bewohner sich befanden, kostete jenes ruhige, von Habgier nicht ganz freie Behagen aus, das jeder Sammler bei der Sichtung seiner Bestände verspürt, und freute mich auf die Zukunft, die mir noch mehr Käfer bringen würde.

Besonders gern nahm ich einen Kasten mit Weidenbläulingen zur Hand und trug ihn ans Fenster, um mich im späten Licht an meinen Juwelen zu freuen. Dieses Vergnügen war allerdings nicht mehr ungeschmälert, vielmehr hatte es im Laufe der Zeit einen melancholischen Zug gewonnen. Das Blau der Flügeldecken leuchtete noch immer in voller Frische, doch bei den älteren Käfern, die ich vor Jahren gefangen hatte, bemerkte ich, dass der Silberhauch sich verdunkelt hatte, in reizlose, stumpfe Bronzetöne hinüberspielte. Auch wenn ich die Käfer mit der Lampe bestrahlte, ließ sich das Silber nicht mehr zum Glänzen erwecken. Nun, ich hatte es nicht anders erwartet; es musste so kommen und fügte sich zu allem Übrigen. Dass ich die Weidenbläulinge vor dem Sonnenlicht geschützt hielt, die Vorhänge nur hin und wieder gegen Abend einmal öffnete, konnte den Verfall nicht aufhalten, oder vielmehr: Es war löblich und vernünftig, dass ich so handelte, es leistete einen gewissen Beitrag dazu, das Silber vor der Vergänglichkeit zu schützen, doch es war eben nicht genug. Ich konnte den Niedergang verlangsamen, konnte durch kluges und umsichtiges Handeln das Übel für eine Weile hintanhalten; doch verhinderte dies nicht, dass die Kräfte der Zersetzung Stunde um Stunde, Tag um Tag, Jahr um Jahr unbeirrt am Werk blieben. Sie mussten sozusagen ihre Taktik ändern, sich den Maßnahmen ihres Gegners anbequemen, ich zwang sie zur Diskretion, zur Verstohlenheit, zum Schleichen – doch zu mehr zwang ich sie nicht.

8

Es war bald nach jener Zeit, dass ich in der Försterei eine irritierende Beobachtung machte. Auf den Dielen des Bodens und anderswo lagen feine Späne, wie sie von Holzwürmern erzeugt werden. Wenn ich mit dem Besen die Zimmer oder das Treppenhaus fegte, konnte ich jedes Mal einen kleinen Haufen davon zusammenkehren. In den Mausefallen fand ich Tiere, die ein helleres Fell als gewöhnlich hatten; bei näherem Hinsehen stellte ich fest, dass sie mit Holzmehl überstäubt waren, das sie bei ihren Streifzügen durchs Haus aufgelesen haben mussten. Wenn ich das Nitrobenzol in den Schälchen auswechselte, bemerkte ich, dass auf der dunklen Flüssigkeit ein Film aus Holzfasern schwamm. Anfangs maß ich all diesen Beobachtungen keine rechte Bedeutung bei, suchte mir gutmütig einzureden, dass sie in einem alten Haus, das zum großen Teil aus Holz erbaut war, nichts Ungewöhnliches seien; doch mit der Zeit häuften sie sich so sehr, nahmen so deutliche und unzweideutige Formen an, dass ich sie nicht mehr auf die leichte Schulter nehmen konnte.

Eines Morgens machte ich in der Werkstatt eine Entdeckung, die mich mehr als alle bisherigen beunruhigte. Quer über meinen Arbeitstisch lief ein kleiner, dunkelfarbiger Käfer, den ich sogleich, mit dem geschulten Blick des Sammlers, als eine Totenuhr erkannte. Ich erschlug ihn ohne Federlesens, mit einem raschen Fausthieb, denn ich wusste, dass ich es mit einem fatalen Schädling zu tun hatte, der mir auf keinen Fall entwischen durfte. Die Totenuhr gehört zur Familie der Bohr- und Nagekäfer, sie ernährt sich, ähnlich wie die Termite, von Holz und kann ganze Häuser aushöhlen und zum Einsturz bringen. Ihr Rücken trägt eine widrig braune Färbung, die an Exkremente denken lässt, die Beinchen sind mit schwarzen, zotteligen Borsten bedeckt, und an der Körperunterseite zeigt sich klebriger Schleim, der gelb wie Eiter ist – fürwahr kein einnehmendes Geschöpf! Fast könnte man denken, dass sich die abstoßende Erscheinung dieses Käfers zu seiner unheilvollen Tätigkeit fügt oder dass ihn die Natur, zur Warnung des Menschen, mit einem Kleid ausgestattet hat, das nichts Gutes verheißt. Im Volksmund wird die Totenuhr auch Klopfkäfer genannt, denn sie vermag mit ihren starken, zu Bohrwerkzeugen ausgebildeten Kiefern ein Geräusch hervorzubringen, das halb wie ein Klopfen, halb wie das Ticken einer Uhr klingt.

Nun gab es keinen Zweifel mehr, dass die Försterei von gefährlichem Ungeziefer verseucht war. Die Wände bestanden aus Fachwerk, die Böden waren mit Dielen belegt, die

Zimmerdecken ruhten auf Balken, die Treppen, die Türen, die Fenster waren aus Holz gearbeitet – vom Dachstuhl gar nicht zu reden! Überall konnten die Totenuhren bohren und nagen und schaben und fressen. In früherer Zeit hatte die Försterei über viele Jahre leer gestanden, so mochten sich schon damals die unheilvollen Gäste in ihr eingenistet haben, angelockt von all dem Holz, das sich ihnen frei und ungeschützt darbot und das keinen anderen Zweck zu haben schien, als ihnen zum Fraß und zur Freude zu dienen. Seither hatten sie vom Keller bis zum Dachfirst jeden Winkel und jede Ritze zu ihrer Heimstatt gemacht, ein weit verzweigtes und alles durchdringendes Netz von Gängen angelegt – vermutlich gab es längst keinen einzigen Deckenbalken, keine einzige Treppenstufe, keinen einzigen Türrahmen mehr, die sie nicht, dem fatalen Gesetz folgend, das die Natur ihnen eingepflanzt hatte, in unermüdbarer Geschäftigkeit aushöhlten und zerfraßen.

Eine große Melancholie überkam mich. Gegen die Totenuhren vermochte ich nichts, es war aussichtslos, den Kampf gegen sie aufzunehmen. Sie gelten als die hartnäckigsten und widerstandsfähigsten aller Schädlinge, entziehen sich auf geschickte Art der Verfolgung, nisten im Entlegenen und Verborgenen, in der Tiefe des Holzes, wohin selbst das Nitrobenzol nicht vordringt. Um gegen diesen Feind einzuschreiten, hätte ich geradezu das Haus abtragen und an seiner Stelle ein neues errichten lassen müssen!

Es war keine Frage, ich hatte das Duell mit der Vergänglichkeit verloren. All meine Bemühungen, die Käfer vor dem Verfall zu schützen, in der Försterei ein Refugium zu errichten, waren gescheitert. Das Refugium selbst, oder was ich dafür gehalten hatte, würde verfallen! Zwar wusste ich nicht, wie lange die Försterei den Totenuhren noch standhalten mochte, doch dass sie früher oder später, und vielleicht früher als später, zerstört sein würde, daran konnte ich nicht zweifeln. Die Natur machte Ernst, sie zeigte mir mit halb drohender, halb auch wieder gelassener, unaufgeregter Miene, dass sie der überlegene Teil war. Eine Weile hatte sie meinen Anstrengungen, den Kreislauf von Entstehung und Untergang zu durchbrechen, zugesehen, gewissermaßen lächelnd, um mir dann, mit einer kurzen und klaren Geste, die Sinnlosigkeit meines Tuns vor Augen zu führen. Ich hatte versucht, ihr den Tod zu nehmen, und sie holte sich ihn zurück.

Viele Stunden ging ich in den Zimmern umher, immer zwischen den Spanischen Wänden entlang, wie ein eingesperrtes Tier, das friedlos und mechanisch, auf stets gleichen Pfaden, durch seinen Käfig wandert. Im Vorbeigehen blickte ich in die Kästen hinein, und ein Überdruss stieg in mir auf, den ich bis dahin nicht gekannt hatte. Es machte mich gereizt, ja versetzte mich in Wut, dass die Käfer so ruhig, mit unwandelbarer Geduld an ihren Plätzen hingen. Ich konnte nicht begreifen, woher sie ihre Gelassenheit nahmen, ihre provozierende, durch nichts zu erschütternde Gleichmütigkeit! Warum steckte in ihnen so wenig Auflehnung gegen den Tod? Wieso überließen sie *mir* allein das Kämpfen? Warum musste ich ihnen das Fortleben, auf das sie keinen Wert legten, unter ständigen Mühen aufzwingen? Sie sahen dem Zerfall, der in der Försterei auf sie wartete, diesem zweiten

Tod, ebenso ruhig und willig entgegen wie ihrem ersten Tod in der Natur!

Meine Sammlung erschien mir nun sinnlos und närrisch. All die Arbeit, die ich über so viele Jahre an sie gewendet hatte – müßig, eine Spielerei. Das große Unternehmen, dem ich mein ganzes Leben gewidmet hatte – versponnen, ein gehobener Unfug. Wenn ich einen Außenstehenden durch die Zimmer geführt, ihm die endlosen Fluchten der Wände und Kästen gezeigt, ihm die Geschichte meiner vielen Mühen und Sorgen erzählt hätte – wäre ihm die Sammlung nicht als das Denkmal eines großen Versagens erschienen? Hätte sie ihm mehr abnötigen können als ein spöttisches, nur durch eine Spur von Mitleid gemildertes Lächeln?

Nicht zum ersten Mal kam mir der Gedanke, dass die Käfer, die ich in der Sammlung beherbergte, ohne jede Bedeutung seien, nichts als flüchtige und wesenlose Bilder, von denen ich mich täuschen ließ. Stand hinter ihnen nicht etwas anderes, dem Blick des Menschen Entzogenes, über sein Verstehen Hinausgehendes? Etwas, das sich nicht fangen, auf Nadeln spießen, hinter Glas bringen ließ? Und war es vielleicht gerade dieses Unbekannte, das zählte? Waren all die Sorgen, die ich dem Sichtbaren zuwandte, unnütz und verschwendet, ein Laborieren am falschen Gegenstand, ein naives Festklammern an dem, was keinen Wert besaß? Das Wesentliche muss nicht festgehalten werden, es ist nicht darauf angewiesen, dass wohlmeinende Menschen sich seiner annehmen – denn es trägt und erhält sich selbst.

Am frühen Abend wurde es mir in der Försterei zu eng, ich musste nach draußen fliehen und in der Weite meine drängenden Gedanken loswerden. Es war Herbst, die Felder lagen schon abgeerntet. Bussarde kreisten über den Wäldern, zogen ihre ruhigen und freien Bahnen, ohne die Flügel zu regen, schienen die Stille des Abends, das sanfte Verglimmen des Lichts zu genießen. Ich sah die Försterei in einiger Entfernung liegen, neben dem Hügel mit den Ulmen, der ihre Einsamkeit gegen das Dorf verteidigte. Das Haus war in bleiches, unheimliches Zwielicht gehüllt; über die Wände spielte ein fahles Grau, wie manche Pilze es haben, die an toten Bäumen wachsen; die Fenster schimmerten ungewiss wie blinde Augen. Es schien mir, als senke sich die Vergänglichkeit wie ein blasses Tuch über das Haus herab. Doch seltsam! Der Anblick besaß auch eine gewisse Schönheit, der ich mich nicht entziehen konnte. Die grauen Mauern fügten sich mit dem Braun der Herbstbäume zu einem harmonischen Bild, das meinen Augen wohltat. Sanft zeichnete sich das Dunkelrot des Ziegeldaches gegen den verdämmernden Ockerton der Felder ab. Der Rauch des Schornsteins, der senkrecht, von keinem Wind bewegt, emporstieg, verlor sich als pastellener Hauch in der Mattigkeit des Himmels. »Das ist der Zauber der Vergänglichkeit«, ging es mir durch den Kopf, und dabei konnte ich nicht umhin, in mich hineinzulächeln: Ausgerechnet ich musste auf diesen Gedanken kommen!

Eine Erinnerung aus der Kindheit wurde in mir wach. Meine Eltern waren mit mir, wie immer im Sommer, an die See gefahren, in ein Nordseebad. Am Strand baute ich, nicht weit vom Saum des Meeres entfernt, eine Sandburg. Als die Flut herankam, geriet ich in Angst um mein Werk, denn ich hatte viel Liebe und Sorgfalt daran gewendet. Bald war das Meer so weit vorgerückt, dass die ersten Wellen um die Burg leckten. Ich hüpfte aufgeregt herum, zog mit meiner Schaufel einen Graben, um das Wasser abzulenken, klopfte die bedrängten Wälle fest, schüttete Sand in aufbrechende Löcher ... Als die Wellen übermächtig wurden, ließ ich die Arme sinken, außer Atem vor Anstrengung, und sah regungslos dem Schauspiel des Endes zu. Dabei empfand ich eine eigentümliche Mischung aus Trauer und Vergnügen: Die Tränen liefen mir über die Wangen, ich stöhnte auf, als der Burgturm in sich zusammensackte, die Muscheln, mit denen ich die Mauern geschmückt hatte, über den Strand gewirbelt wurden; zugleich aber bereitete mir jede neue Welle, die rauschend und schäumend heranlief, einen angenehmen Kitzel im Rücken, und es war mir zumute, als hätte ich die Burg nur aufgebaut, um sie der Flut zum Opfer zu bringen.

9

Ich setze mein gewohntes Leben fort. Tag für Tag, ohne mich beirren zu lassen, gehe ich auf die Jagd, präpariere die eingebrachten Käfer, inspiziere und reinige die Kästen, leere die Mausefallen, und was es sonst noch an Pflichten gibt, die mein Sammlerleben mir auferlegt. Der Sieg der Vergänglichkeit zeichnet sich zwar ab, doch er ist noch nicht gekommen, und so habe ich keinen Grund, in meinen Anstrengungen nachzulassen. Immerhin besitze ich die Macht, das Unvermeidliche hinauszuzögern, dem Verfall einen gewissen Aufschub abzunötigen. Mit jener Zähigkeit, die man als Sammler besitzen muss, ohne die man sich auf all die Mühen und Herausforderungen dieser Passion gar nicht einlassen darf, betreibe ich mein Werk fort. Als Kind habe ich den Weg des Sammelns eingeschlagen, über Jahrzehnte hin bin ich auf ihm fortgegangen, und nun ist es zu spät, ihn noch zu verlassen.

Gewiss, nicht immer bin ich so ruhig. An manchen Tagen fällt es mir schwer, meinen guten Mut zu bewahren, der Gedanke an die Zukunft, an die unausweichliche Niederlage, die mir bevorsteht, dringt auf mich ein, und eine Verzagtheit, eine nervöse Überängstlichkeit bemächtigt sich meiner. Dann scheinen mir die Gefahren, die den Käfern drohen, übermächtig, von allen Seiten sehe ich die Sammlung umzingelt, eine große Zahl von Feinden, gegen die ich machtlos bin, rückt auf sie zu ... In solchen Stunden bin ich überzeugt, dass es besser gewesen wäre, all die Käfer gar nicht zu fangen, sondern sie draußen in der Natur zu belassen – dort wären sie sicherer gewesen als in der Försterei! Sie hätten mit weniger Gefahren zu kämpfen gehabt, oder jedenfalls wären sie eines schnelleren Todes gestorben, hätten jenes leichte und schlichte Ende gefunden, das die Natur ihnen zugedacht hat – während sie hier drinnen, eingesperrt in das Verließ ihrer Kästen, ein widriges, über Etappen sich schleppendes Sterben erdulden müssen ...

Oft liege ich in den Nächten wach und lausche den Mäusen. Sie rascheln unter den Dielen, hinter den Fußleisten, auf den Möbeln, selbst in den Ofenrohren – so haben sie es seit jeher getan, und ihr munteres Treiben, das an das Spielen und Huschen von Kindern erinnert, hilft meiner Stimmung auf. Gelegentlich frage ich mich, wie es möglich ist, dass noch immer so viele von ihnen im Haus am Leben sind, obwohl ich es doch weiß Gott nicht an Mühe fehlen lasse, ihre Reihen zu lichten. Glückliche Fruchtbarkeit! Wahrscheinlich werden in einer einzigen Nacht mehr von ihnen zur Welt gebracht, als ich in einer ganzen Woche zur Strecke bringen kann. Doch selbst diese Vorstellung ist mir nicht unangenehm; während ich daliege und in die Dunkelheit lausche, freue ich mich für die Mäuse, dass sie den Fallen bisher noch entgangen sind, und wünsche ihnen mit absurdem Wohlwollen, dass sie nicht so töricht sein mögen, sich von den Speckstücken verlocken zu lassen, ihre zarten, flaumigen Nacken unter den Bügel zu strecken!

Wenn die Mäuse für eine Weile Ruhe geben, die Stille der Nacht in die Försterei einzieht, höre ich ein anderes Geräusch – es ist das leise, regelmäßige Klopfen, mit dem die Totenuhren ihr Dasein bekunden. Diese kleinen Vernichter scheinen keinen Schlaf zu benötigen, sie besitzen noch mehr Ausdauer und Lebenskraft als die Mäuse, keine einzige Stunde des Tages und der Nacht vergeht, in der sie nicht am Werk sind. Ihr Klopfen oder Ticken ist diskret, es wahrt immer einen entzogenen und geheimnisvollen Charakter, manchmal sinkt es fast bis zur Unhörbarkeit hinab, wird selbst von meinen Atemzügen übertönt – dann wieder schwillt es an, klingt vernehmlicher durch die Stille, alle Totenuhren scheinen sich zusammenzutun und ein Konzert anzustimmen.

Aus welcher Richtung das Klopfen kommt, vermag ich nicht zu unterscheiden, doch wie auch: Die Schädlinge nisten ja in sämtlichen Zimmern des Hauses, von überall und nirgends schallt ihr Chor durch die Nacht.

WIE MAN NICHT BERÜHMT WIRD

Kalendergeschichte

Das Städtchen Tuttelwangen, in dem Peter Näglinger vor zwei Jahrhunderten zur Welt kam, weiß nichts von seinem großen Sohn, ja nicht einmal zu dessen Lebzeiten war ihm bewusst, dass es ihn besaß. Keine Statue auf dem Marktplatz ist seinem Andenken gewidmet, niemand kann sein Geburtshaus oder seine Grabstätte vorzeigen, kein Festredner hat jemals zu seinem Lob die Stimme erhoben. So pflegt es den Menschen zu ergehen, die in ihrem Leben nichts zustande bringen, wie Näglinger. Wohl nie hat es einen Mann gegeben, der mit so glänzenden Gaben versehen war und dem es so wenig gelang, von ihnen Gebrauch zu machen. Freilich, allein aus diesem Grund hätte er es verdient, für immer im Gedächtnis nicht nur der Tuttelwanger fortzuleben.

Als junger Mann konnte Näglinger die Wurzel aus einer siebenstelligen Zahl ziehen und dabei mit zwei Bällen jonglieren. Er zog über die Jahrmärkte Schwabens und bot seine Kunst dar; doch weil die Menschen vom Rechnen nichts verstanden und weil ihnen zwei Bälle zum Jonglieren wenig erschienen, gingen sie mit einem Achselzucken vorüber. Einer, der's gut mit ihm meinte, sprach: »Gib das Rechnen auf und jongliere stattdessen mit sieben Bällen.« – »Verlangst du«, entgegnete Näglinger, »dass ich mein Licht unter den Scheffel stelle?« – »Sie wollen dich nur jonglieren sehen«, versetzte der andere, »für dein Rechnen haben sie keinen Sinn.« – »Aber soll ich mich, weil sie dumm sind, vor ihnen kleinmachen?«

Einmal kam er nach Heidelberg und wurde zu einer mathematischen Gesellschaft geladen. Dort zog er, wie es seine Art war, die Wurzel und ließ die Bälle kreisen, doch die gelehrten Herren lachten bloß über den Hanswurst und wandten sich ab. Einer raunte ihm zu: »Lass die Bälle fort und zieh nur die Wurzel.« – »Verlangst du«, fragte Näglinger, »dass ich mein Licht unter den Scheffel stelle?« – »Sie wollen dich nur rechnen hören«, erwiderte der andere, »für deine Bälle haben sie keinen Sinn.« – »Aber soll ich mich, weil sie klug sind, vor ihnen kleinmachen?«

Und er ging mit einem Grollen davon, doch heimlich machte es ihn auch stolz, dass er gezeigt hatte, was er konnte, und dass er sich vor den Professoren ebenso treu geblieben war wie auf dem Jahrmarkt.

Das Fernweh trieb ihn nach Indien, dort ließ er sich einen langen Bart wachsen und ging bei einem Guru in die Lehre, der führte ihn in die Kunst des Weissagens ein. Nicht lange dauerte es, bis Näglinger seinen Meister überflügelte, Mondfinsternisse, Heuschreckenplagen, Drillingsgeburten: Alles wusste er unfehlbar vorauszusagen. Der Maharadscha nahm ihn in seine Dienste auf, gewährte ihm reichlichen Lohn, und Näglinger hätte ein glückliches Dasein bis an sein Ende haben können.

Da sah er eines Morgens voraus, wie er auf einem Schiff zurück nach Europa segeln würde. Dies betrübte ihn sehr, und schweren Herzens ging er zu seinem Gebieter, um Abschied zu nehmen. »Wie kannst du's wagen, du Undankbarer!«, rief dieser. »Hab' ich dich nicht mit Perlen und Edelsteinen überhäuft, und gab dir noch einen Harem obendrein?« Näglinger aber erwiderte: »Wenn ich an deinem Hofe bliebe, so hätte ich die Zukunft falsch geweissagt; und was würde dann aus meinem guten Namen?«

Als er zu Schiff aus dem Hafen fuhr, rann ihm eine Abschiedsträne über die Wange, doch zugleich war er froh, dass seine Weissagung in Erfüllung ging, und mehr noch freute es ihn, dass er der Versuchung, seinem Namen Unehre zu machen, aufrecht widerstanden hatte.

Näglinger reiste nach England, da machten ihm die schlechten Wege zu schaffen, auf denen die Kutschen, wenn es regnete, im Schlamm schier versanken. Und so grübelte und tüftelte er drei Tage und drei Nächte lang und erfand die Eisenbahn. In London eilte er zum Patentamt, und wie er eben durch das Tor hineingehen wollte, sah er hinter sich einen Herrn. »Nach Ihnen!«, sprach er und trat beiseite. Der Herr verbeugte sich und erklärte, er sei gekommen, um eine Erfindung anzumelden – die Eisenbahn. »Sehr erfreut, da haben wir das gleiche Anliegen«, sagte Näglinger, »gehen Sie nur voran, ich folge.« Denn da er ihm einmal den Vortritt gelassen, schien es ihm kleinlich, seine Höflichkeit aus Eigennutz wieder zurückzunehmen. Der Engländer aber, der Stephenson hieß, grinste übers ganze Gesicht und schritt voran.

Wenn Näglinger später mit der Eisenbahn fuhr, stieß er zuweilen einen Seufzer aus, denn in der ganzen Welt kannte und rühmte man den großen Stephenson, und niemand hatte jemals den Namen Näglinger gehört. Doch es tröstete ihn zugleich, dass er nicht mehr in der Kutsche über schlechte Wege fahren musste und dass er damals, vor jenem Tor in London, der Größere gewesen war.

Näglinger ging nach Göttingen, sperrte sich in eine Dachklause ein und studierte sieben Jahre lang sämtliche Wissenschaften, die an der Universität gelehrt wurden. Dann trat er vor ein Professorenkollegium und ließ sich examinieren. Die Herren staunten nicht schlecht, denn noch nie hatten sie einen Kandidaten gesehen, der so beschlagen war wie Näglinger, und wollten ihm schon den Universal-Lehrstuhl für alle Wissenschaften antragen.

Zuletzt besann sich noch einer und fragte: »Kann Er auch Chinesisch?«

»Selbstredend!«, antwortete Näglinger, nahm eine Teeschachtel vom Tisch, die mit chinesischen Schriftzeichen verziert war, und las dieselben mit gewandter Zunge vor.

Der Professor machte eine verdrießliche Miene. »Es hapert an der rechten Aussprache«, sagte er. – »Mitnichten!« entgegnete Näglinger. »Ich spreche die Zeichen so aus, wie sie geschrieben werden.« – »Aber einen Fehler in der Grammatik hat Er auch gemacht.« – »Guter Mann, wie sollte es anders sein? Ich rede so flüssig und geschwind, dass ich mich gelegentlich übereile!«

Jetzt beriet sich das Kollegium, und schließlich boten sie ihm alle Lehrstühle an: den der Botanik, der Medizin, der Theologie, der Philosophie und welche es sonst noch gab an der Universität – nur nicht den für Chinesisch. Da stampfte Näglinger mit dem Fuß, rief: »Was fällt Euch ein? Wollt Ihr mich mit einem Butterbrot abspeisen? Ihr seid mir ein rechtes Professorenpack!« und eilte zur Tür hinaus.

Wie Näglinger seine restlichen Tage verbrachte, darüber ist nicht viel bekannt. Einige sagen, er habe sich noch weitere gelehrte Kenntnisse erworben – doch das kann nicht sein, denn er besaß ja schon alle. Andere wollen gehört haben, dass er noch große Taten vollbracht hat, die ihm aber keinen Nutzen eintrugen – das ist schon eher zu glauben. Wieder andere behaupten, dass er bis zuletzt seinen Stolz und seinen Anstand gewahrt habe – daran gibt es keinen Zweifel.

DIE UNSICHTBARE FRAU

1

Die Haut der kleinen Anne war zart und blass, von einer fast unwirklichen Helle, auch schien sie dünner zu sein als bei anderen Menschen, man sah Äderchen durch sie hindurchschimmern, die freilich ihrerseits dünn waren, nur von wenig Blut durchströmt; so verliehen sie der Haut nicht mehr als eine Ahnung von Rosa und brachten die Blässe des Teints, statt sie abzuschwächen, noch deutlicher heraus. Annes Lippen waren hübsch, nicht zu schmal und nicht zu voll, doch konnte man sie nicht leicht erkennen, denn sie passten sich der Blässe des übrigen Gesichts an – wären sie auch nur schwach gerötet gewesen, hätten sie wie geschminkt gewirkt. Anne hatte feines Haar, das ihr in angedeuteten, schüchternen Locken in den Nacken fiel und von so hellem Blond war, dass es sich der Farblosigkeit näherte: Im Vergleich zu den Locken gewann das Gesicht geradezu einen Anflug von Rot, sie brachten zuwege, was die Äderchen nicht vermochten.

Anne sprach leise, mit einer sanften und unkörperlichen Stimme, die sie, auch wenn sie sich anstrengte, nicht zu größerer Lautstärke anschwellen lassen konnte, die immer schwebend und zurückgenommen blieb; selbst wer dicht neben Anne stand, hatte den Eindruck, sie aus einer gewissen Ferne zu hören. Die Mutter bemühte sich, ihr das leise Sprechen abzugewöhnen, und entfaltete in dieser Hinsicht sogar einen ausgeprägten Erziehungsdrang, der ihr sonst fremd war. Wenn Anne etwas sagte, das sie nicht verstand, verzog sie das Gesicht zu einer gereizten Grimasse, legte beide Hände hinter die Ohrmuscheln und rief mit durchdringender Stimme »Was hast du gesagt? Sprich doch lauter!« Mit diesem Tonfall verfolgte sie die pädagogische Absicht, ihrer Tochter ein Beispiel dafür zu geben, wie man auf klar verständliche Art sprach; zudem hielt sie es für eine lehrreiche Strafe, auf das übertrieben Leise das übertrieben Laute folgen zu lassen. Ihre Bemühungen blieben indessen ohne Erfolg, denn Anne senkte, wenn die Mutter sie in solcher Weise anherrschte, erschrocken den Blick und brachte längere Zeit kein Wort mehr hervor, nicht einmal ein leises und schwer verständliches.

Gelegentlich erzählte die Mutter die Anekdote, dass Anne »als Säugling ganz anders gewesen sei« – in der Wiege habe sie ausdauernd und mit kräftiger Stimme geschrien, und ihr Kopf, ja sogar ihr ganzer Körper sei dabei rot angeschwollen, so sehr, dass sie fast schon in Angst um ihr Kind geraten sei. »Wenn man dich heute sprechen hört und dein blasses Gesicht sieht, kann man sich das überhaupt nicht mehr vorstellen«, pflegte sie hinzuzufügen, und in diesen Worten klang nicht nur Belustigung an, das Behagen an einer hübschen, oft erprobten Pointe, sondern auch eine Spur von Bedauern, gleichsam ein unsichtbares Kopfschütteln, als wollte sie sagen: »Du hast vielversprechend begonnen – und was ist aus dir geworden?!«

Die beiden lebten in einem Städtchen am Rande der Lüneburger Heide. Die Mutter arbeitete als Kellnerin in einem Bierlokal und hatte nicht viel Zeit, sich um ihre Tochter zu kümmern. Am Morgen bereitete sie ihr das Frühstück und schickte sie in die Schule; die Vormittagsstunden verbrachte sie allein in der Wohnung, und ehe Anne am Mittag von der Schule zurückkehrte, brach sie zu »Dieters Pils-Eck« auf. Am Abend immerhin fand sie Gelegenheit, sich mit ihrer Tochter zu beschäftigen; sie tat es sogar mit sentimentalem Eifer, der durch eine Beimischung von schlechtem Gewissen gesteigert war – dafür aber auch rasch wieder in sich zusammensank. Um ihre Kräfte war es am Abend nicht gut bestellt, sie fühlte sich nach der anstrengenden Arbeit niedergeschlagen und ausgelaugt, überdies kam es vor, dass sie unter Krämpfen in den Beinen litt; daher musste sie sich dringend ein wenig entspannen, und zu diesem Zweck setzte sie sich vor den Fernseher, legte die schmerzenden Beine in die Höhe und gab diese Stellung für einige Stunden nicht mehr auf.

An manchen Abenden fühlte sie sich frischer und auch ihre Beine waren in guter Verfassung – dann kümmerte sie sich nicht um ihre Tochter, sondern ging mit Männern aus. Sie ließ sich von ihnen zumeist im Pils-Eck ansprechen; dies wurde dadurch erleichtert, dass sie außerordentlich langes,

Die unsichtbare Frau

über ihren ganzen Rücken flutendes Haar hatte, das in einem rassigen Zinnoberrot gefärbt war, wie man es im Städtchen sonst nirgendwo zu sehen bekam. Zudem trug sie beim Bedienen ein schwarzes Kleid mit einem ungewöhnlich tiefen, bis zum Parodistischen getriebenen Dekolleté, das allerdings nicht parodistisch gemeint war und von den Männern, denen sie mit freundlichem und offenherzigem Lächeln, das Gesicht von lauter Zinnoberrot umwallt, ein Glas Pils servierte, auch nicht in diesem Sinne gedeutet wurde.

Die Männer pflegten nach kurzer Zeit wieder aus ihrem Leben zu verschwinden – so auch Annes Vater. Er hatte Manfred geheißen und war »ungeheuer blond« gewesen, wie die Mutter immer, wenn die Rede auf ihn kam, mit reflexhafter Regelmäßigkeit bemerkte, so als könne sie nicht an Manfred zurückdenken, ohne dass dieser Zug sogleich unbezwinglich vor ihrem inneren Auge erschien, und als sei selbst das kürzeste und beiläufigste Gespräch über ihn unvollständig, wenn sie nicht sein Blondsein erwähnte. Es gab kaum etwas anderes, das sie über ihn zu erzählen wusste – sei es, dass seine hervorstechendste Eigenschaft alle übrigen in der Erinnerung beiseitegedrängt hatte, oder sei es, dass sich sein Bild mit dem anderer Männer, von den Haaren abgesehen, ununterscheidbar vermischte.

Sie bemerkte wohl, dass Anne sie manchmal fragend ansah und gern noch einiges weitere über ihren Vater in Erfahrung gebracht hätte; doch ging sie nicht darauf ein, schien es für mühselig und uninteressant zu halten, sich über eine Männergeschichte auszulassen, die bereits so lange Zeit zurücklag. Einmal, in späteren Jahren, als Anne schon eine junge Frau geworden war, schüttelte sie vielsagend den Kopf und machte eine überdrüssige Geste aus dem Handgelenk, die zum Ausdruck brachte: »Ach, was soll ich dir von Manfred erzählen?! Er war halt so, wie alle Männer sind. Glaub mir, du hast nichts verpasst.«

Die Verhältnisse zu Hause waren karg. Die Mutter verdiente nicht viel, und von dem wenigen floss der überwiegende Teil nicht in das Dasein, das sie mit ihrer Tochter teilte. Sie lebten in einer Etagen-Mietwohnung, die klein und unschön war, an einer lebhaft befahrenen Straße lag und auch sonst keinerlei Vorzüge besaß. Annes Zimmerchen ging nach Norden hinaus und blieb selbst während der hellsten Stunden des Tages in schütteres Halblicht getaucht; die Morgendämmerung schien sich bis zum Mittag darin zu erhalten, und kurz darauf setzte schon eine verfrühte Abenddämmerung ein. Auch erinnerte es wenig an ein Kinderzimmer, denn alle Möbel hatten früher in der Wohnung der Großeltern gestanden, sahen bieder-altfränkisch aus und waren für ein Kind zu groß; überdies benutzte die Mutter das Zimmer für ihre eigenen Zwecke, hatte ein Bügelbrett sowie mancherlei anderes darin aufgestellt. Auf Anne deuteten nur ein paar Spielzeuge, die hier und dort verstreut lagen – ein Außenstehender hätte denken können, sie habe sie in ein Zimmer getragen, das die Mutter bewohnte.

Anne benötigte nicht viel, um die langen Nachmittage auszufüllen, die sie allein zu Hause verbrachte, sie konnte sich mit wenigen und einfachen Dingen auf unbenennbare Weise beschäftigen. Der Schreibtisch der Großeltern war so hoch, dass sie nur unbequem, mit durchgedrücktem Rücken und emporgereckten Armen an ihm sitzen konnte; dafür aber tat sich unter ihm eine Höhle auf, die der verborgenste und abenteuerlichste Platz in der ganzen Wohnung war: Mittags und abends entzündete sie dort ein unsichtbares Lagerfeuer, um für ihre Puppe und ihren Teddy einen Brei zu kochen. Das Sofa war schmutzig und von scheußlicher Farbe, hatte jedoch den Vorteil, dass sich seine Polsterkissen abnehmen ließen; Anne baute aus ihnen eine Burg von gewaltiger Größe, in der sie ihren Träumereien nachhing und über die Zinnen hinweg, als Herrin eines geheimnisvollen Reiches, in die Weite hinausschaute.

Wenn die Mutter am Abend heimkam, öffnete sie ohne anzuklopfen (solche Feinheiten waren ihre Sache nicht) die Tür zu Annes Zimmer und rief, mit einem Lächeln umherschauend: »Mäuschen! Wo bist du?« Diese Frage hatte ihre Berechtigung, denn selbst wenn Anne sich nicht in der Tiefe des Schreibtischs oder hinter den Zinnen der Burg versteckt hielt, war es kaum möglich, sie in dem lichtarmen Zimmer zu entdecken.

»Hier bin ich«, sagte sie nach einer Weile, und langsam, wie ein Erinnerungsbild, das sich schon in den Tiefen des Unbewussten zu verlieren beginnt, im letzten Augenblick aber noch einmal emporsteigt und wieder ins Bewusstsein tritt, schälte sie sich aus der Unsichtbarkeit heraus.

»Spatzilein! Wie geht's dir?«, fragte die Mutter. »Ist alles gut?«

»Ja.«

Anne trat auf sie zu und legte, ein wenig zögernd, als wolle sie sich nicht aufdrängen, die Mutter nicht durch ein Übermaß an Zärtlichkeit in Verlegenheit setzen, aber doch mit einem vollen und glücklichen Lächeln, die Arme um ihren Hals.

»Hast du deine Hausaufgaben gemacht, Mäuschen?«

»Ja.«

Anne schmiegte das Gesicht an ihre Brust, sog das süßliche und etwas vorlaute Parfum ein, das die Mutter, nicht nur wenn sie zur Arbeit ging, in reichlicher Dosis aufzulegen pflegte, dazu den Dunst von Bier und schwerem Essen, der aus ihren Kleidern aufstieg und der zu den nicht vermeidbaren Mitbringseln aus dem Pils-Eck gehörte. Die Mutter ließ sie einige Sekunden gewähren, dann sagte sie mit leichter Stimme:

»Ich gehe bald wieder weg, Mäuschen. In einer Viertelstunde. Ich bin mit jemandem verabredet, weißt du. Es wird wohl recht spät werden heute Abend. Wahrscheinlich schläfst du schon, wenn ich nach Hause komme. Aber sei nicht traurig – morgen bleibe ich bei dir. Den ganzen Abend! Ich versprech's dir!«

Sie beugte sich zu Anne herab und gab ihr einen streifenden Kuss auf die Stirn. In ihren Augen spielte ein kleines, freudiges Leuchten, das aber nicht der Tochter galt; in Gedanken war sie schon weit entfernt, mit all dem Voraussehbaren und Erregenden befasst, das der Abend für sie in Bereitschaft hielt; so fiel es ihr nicht leicht, sich Anne zuzuwenden, und der Kuss verwandelte sich in eine mechanische Geste, an der ihre Seele keinen Anteil hatte. Es war, als schickte sie Anne aus einem fernen Land eine Postkarte, auf deren Rand sie die Worte gekritzelt hatte »Einen Kuss von Mutti«.

2

Anne war eine stille Schülerin, verbrachte die Unterrichtsstunden in jenem eigentümlichen Zustand von Entrücktheit, anwesender Abwesenheit, den alle an ihr kannten und der sie geradezu zu einer auffälligen Erscheinung hätte machen können. Die Lehrer begegneten ihr mit Ratlosigkeit, so war es vom ersten Schultag an gewesen; es gab keinen unter ihnen, der sie nicht als ein Rätsel bestaunt hätte, der sich nach einem Blick in ihr Gesicht, in ihre sanften und matten Augen, die nach innen gerichtet schienen, darüber klar geworden wäre, was der Grund für ihr Anderssein war, welches Geheimnis sie mit sich herumtragen mochte. Hatte sie womöglich irgendeinen Kummer? Nein, das konnte es nicht sein; dagegen sprach, dass sie so ausgeglichen wirkte, eine in sich ruhende, durch nichts zu störende, geradezu pflanzenhafte Gleichmütigkeit ausstrahlte, ja ab und zu sogar ein kleines Lächeln sehen ließ. Manche Lehrer machten sie zum Gegenstand pädagogischer Bemühungen, setzten ihren Ehrgeiz darein, sie während des Unterrichts zum Sprechen zu bringen, die Schnecke aus den bergenden Windungen ihres Hauses hervorzulocken; doch mussten sie immer wieder feststellen, dass sie ihren Ehrgeiz zu hoch gesteckt hatten.

Auch die Mitschüler konnten nicht viel mit Anne anfangen; besonders diejenigen, die mühelos sichtbar und vernehmlich waren, die kaum etwas besaßen, das sie nicht mit allen anderen in der Klasse teilten, hatten selten einen Blick für sie übrig. Mit dem einen oder anderen Mädchen schloss sie sich enger zusammen, es konnte nicht ausbleiben, dass sie an dieser oder jener, die meist auch zu den Entzogeneren gehörte, Gefallen fand. Doch solchen Freundschaften haftete etwas Ungreifbares und Schwebendes an, sie wurden selten durch Worte oder Taten bekräftigt, und wenn sie endeten, geschah es ebenso unmerklich, wie sie sich angeknüpft hatten – sie waren wie eine Melodie, die immer nur leise zu hören gewesen war, so als stehe sie von Anfang an vor dem Verklingen, und die dann auch wirklich verklang.

Einmal kam ein Photograph in die Schule. Er zog von Klasse zu Klasse, ließ die Schüler Formationen bilden wie Soldaten und forderte sie zum Lächeln auf. Das Photo, das in Annes Klasse entstand, wurde allgemein als gelungen empfunden: Nicht allzu viele Schüler waren mit geschlossenen Augen abgelichtet, und die meisten hatten der Anweisung zum Muntersein Folge geleistet. Eine Merkwürdigkeit immerhin gab es, das Photo wies gewissermaßen eine Lücke auf: Anne war nicht zu sehen. Zuerst bemerkte es niemand in der Klasse, dann machte jemand eine erstaunte Bemerkung, und vorübergehend herrschte allgemeine Verwirrung: Man verstand nicht, wie dergleichen möglich sei, denn Anne hatte sich mit allen anderen in Positur gestellt, ihr Platz war, wie viele sich erinnerten, in der Mitte der zweiten Reihe gewesen. Bald fiel jemandem ein Witz ein, der naheliegend war, das Staunen löste sich in Gelächter auf, und nach einer Minute war die Angelegenheit abgetan und vergessen.

Als die Mutter am Abend das Photo zu sehen bekam, legte sie die Stirn unter dem zinnoberrroten Haar in Falten, verzog den Mund zu einer burschikosen, schmollenden Grimasse, die zu ihren häufigeren Gesichtsausdrücken gehörte, und rief: »Aber Mäuschen! Wo bist du denn?«

Anne lächelte verlegen und zuckte die Achseln, wie sie es auch schon am Morgen in der Klasse getan hatte.

»Das ist ja merkwürdig, Spatzi. Warst du an dem Tag nicht in der Schule?«

»Doch ... Ich war da ...«

»Ja, und? Hast du dich hinter jemandem versteckt?«

»Ich glaube nicht ...«

»Aber warum sieht man dich denn nicht?«

Anne blieb die Antwort schuldig, wenn nicht in dem sanften Halb-Lächeln, das über ihr Gesicht glitt, und in der scheuen und unbestimmten Art, mit der sie die Schultern in die Höhe zog, eine Antwort lag.

3

Einmal erlebte Anne in der Schule ein Abenteuer. Es war so ungewöhnlich und erregend, dass sie noch Wochen später nicht daran zurückdenken konnte, ohne in eine Art Benommenheit zu geraten; zugleich besaß es auch einen seltsamen, unglaubwürdigen Zug und schien sich eher in ihren Träumen als in der Wirklichkeit abgespielt zu haben. Es machte in der Schule die Runde, lenkte vorübergehend die Aufmerksamkeit sämtlicher Schüler und Lehrer auf Anne – was den unwirklichen Charakter auf die Spitze trieb.

Die Schulstunde war zu Ende, und mit Drängeln und Schieben und Poltern, ihre Ranzen über die Rücken ziehend, liefen die Schüler aus der Klasse. Auch der Lehrer ging hinaus, und da es Mittagszeit war, für den Rest des Tages kein Unterricht mehr anstand, schloss er die Tür hinter sich ab. Dabei übersah er Anne; langsam und mit träumerischer Umständlichkeit räumte sie noch ihre Siebensachen zusammen, und da sie weit hinten in der Klasse saß und gerade in der Sekunde, als der Lehrer, schon in der Tür stehend, noch einen letzten, sich vergewissernden Blick warf, ihren Kopf unter die Bank beugte, geschah, was nicht hätte geschehen dürfen. Später, als man den Lehrer zur Rede stellte, konnte er zu seiner Entschuldigung nicht viel anführen; er stieß nur leicht die Luft durch die Nase aus und machte die ironische Bemerkung: »Wir kennen doch alle Anne! Ich habe sie nun einmal übersehen.«

Als Anne hörte, wie sich der Schlüssel in der Tür drehte, zuckte sie zusammen. Sie reckte den Kopf unter der Bank hervor, blickte sich in der leeren Klasse um, wollte aufspringen, zur Tür laufen – doch etwas hielt sie zurück, ihre Glieder rührten sich nicht. Sie lauschte auf das Pochen ihres Herzens, das ihren ganzen Körper ausfüllte, auch auf das Getrappel draußen im Flur, die Rufe und Schreie der Mitschüler, die schon schwächer wurden, sich in der Weite des Gebäudes zu verlieren begannen ...

Nach einer Weile überwand sie ihre Starre, ging langsam, Schritt vor Schritt setzend, nach vorn und klopfte an die Tür. Draußen war es schon fast still, nur einige Nachzügler gingen noch über die Flure, es konnte nicht mehr lange dauern, bis die Schule verwaist sein würde. Niemand schien ihr Klopfen zu hören, und Anne erwartete es auch nicht anders: Sie klopfte nur aus dem Drang heraus, das Naheliegende und Gebotene zu tun, den äußeren Schein des Vernünftigen zu wahren, und das Klopfen war auch viel zu zaghaft, sie streifte nur mit den Fingerknöcheln über das Holz. Selbst wenn jemand nahe an der Klasse vorübergegangen wäre, hätte er seine Aufmerksamkeit ganz auf die Tür richten, das Klopfen geradezu erwarten müssen, um es zu bemerken.

Anne verschränkte die Arme vor der Brust, ging zwischen den Bankreihen auf und ab. Wie lange würde sie in der Klasse ausharren müssen? Vielleicht den ganzen Tag – die ganze Nacht? Bei diesem Gedanken fühlte sie ein Zittern in ihren Knien, und sie stieß einen kleinen Laut aus, der am ehesten ein Stöhnen war. Würde die Mutter sie holen kommen? Nein, oder jedenfalls nicht so bald; sie arbeitete ja, und erst am Abend würde sie bemerken, dass Anne nicht zu Hause war. Ein leichter Schwindel erfasste sie, sie begriff, wie kompliziert und unheimlich ihre Lage war ...

Sie ließ ihren Blick durch das Klassenzimmer wandern. Die Bänke mit den achtlos herangerückten Stühlen, die dunkelgrüne Tafel, an der ein paar englische Vokabeln angeschrieben waren, die Garderobenhaken neben der Tür: All das wirkte eindringlicher und gegenwärtiger als sonst. In der plötzlichen Verlassenheit, die sich des Raums bemächtigt hatte, schienen die Dinge deutlicher hervorzutreten; es war, als hätten sie sich in den Morgenstunden, solange die Schüler das Feld beherrschen, in sich selbst zurückgezogen und streckten jetzt, von der Leere und Stille geweckt, ihre Fühler hervor. Sie suchten wieder ihre volle Gegenwart zu entfalten, eroberten sich den Raum, auf den sie ein Anrecht besaßen und der ihnen entzogen gewesen war, zurück. Dabei bemerkten sie nicht, dass es noch immer jemanden gab, der ihre Kreise störte, mit dem sie ihre Herrschaft über die Klasse teilen mussten: Anne war so blass, dass nicht einmal die Dinge von ihr Notiz nahmen.

Sie ging zu den Fenstern und blickte hinaus. Es war ein ruhiger und freundlicher Tag im Frühherbst, die Sonne stand über den Dächern der gegenüberliegenden Häuser und leuchtete sanft, ohne aufdringlich zu werden, durch die Scheiben herein. Das Klassenzimmer lag im dritten Stock; unten dehnte sich der Schulhof mit seinen großen Linden, die schon gelb zu werden begannen und ihr Laub auf die braunroten Pflastersteine streuten. Anne sog die Schönheit dieses Bildes in sich ein; allmählich wurde sie ruhiger, und ihr Herz hörte auf, sich durch Ziehen und Pochen bemerkbar zu machen.

Eben wollte sie sich vom Fenster abwenden, da sah sie den Hausmeister über den Hof gehen. Die Schüler fürchteten ihn: Er war ein mürrischer Mann mit schlecht gealtertem Gesicht, der die Angewohnheit besaß, in den ungünstigsten Momenten zu erscheinen und mit seiner rauen Stimme, die immer ein wenig heiser klang und dennoch höchst leistungsfähig war, für Ordnung zu sorgen. Überdies sprossen ihm aus der Nase graue Haare hervor, die so lang und kräftig waren, dass er sie zwischen den Fingerspitzen drehen konnte … Anne fragte sich, ob er sie wohl sehen könne, in der Höhe, an ihrem Fenster, hinter der spiegelnden Scheibe? Er hielt den Blick gesenkt, ging sogar ein wenig vornübergeneigt – aber wenn er es sich plötzlich anders überlegen, an der Fassade hinaufschauen würde? Sie wusste, dass es vernünftig gewesen wäre, das Fenster zu öffnen und, ihrer Stimme ein Äußerstes abverlangend, zu ihm hinunterzurufen – doch sie brachte es nicht über sich. Der Hausmeister hätte seinen Ohren und Augen nicht getraut; sicher wäre er sogleich durch das Treppenhaus hinaufgestiegen, hätte die Tür des Klassenzimmers aufgeschlossen, mit seiner schrecklichen Stimme zu schimpfen begonnen … Sie huschte vom Fenster fort, setzte sich an ihren Tisch und legte, tief Atem holend vor Erleichterung, den Kopf auf die Arme.

Der Nachmittag verging langsam. Anne zog eine Glasmurmel aus der Tasche und verbrachte eine Viertelstunde damit, sie auf der Bank von rechts nach links und von links nach rechts rollen zu lassen. Anschließend ging sie wieder zwischen den Bänken umher und streifte mit den Fingern über die Stuhllehnen und Tischplatten. Ihre Schritte erzeugten auf dem Linoleumboden keinen Laut, sie ging wie auf Zehenspitzen oder Wollsocken. Bei ihren Klassenkameraden stand sie in dem Ruf, eine Schleicherin zu sein, wenn auch ohne bösen Willen: Oft näherte sie sich einem anderen scheinbar verstohlen, wusste jedes Geräusch, das ihr Kommen hätte ankündigen können, mit rätselhaftem Geschick zu vermeiden, wuchs plötzlich, wie ein herbeigezauberter Kobold, aus dem Boden hervor …

Sie hatte kaum etwas zu essen oder zu trinken bei sich, doch das machte ihr nichts aus. Zum Leidwesen der Mutter aß sie fast immer wenig, so gut wie nie hatte sie ausgeprägten Hunger, und jetzt vertrieb das Gefühl des Ungewohnten den geringen Appetit, den sie sonst allenfalls aufgebracht hätte. In ihrer Schultasche fand sich ein Apfel, von der Mutter in Silberpapier gewickelt, und aus der Hosentasche holte sie ein Bonbon hervor, das war ihr genug.

Am späteren Nachmittag setzte die Dämmerung ein. Anne wagte nicht, im Raum das Licht einzuschalten, denn womöglich hätte der Hausmeister, oder irgendjemand sonst, auf sie aufmerksam werden können. Sie verfolgte, wie sich die Dunkelheit im Klassenraum verbreitete, das Grün der Wandtafel, das Braun der Tische und Stühle in trübes Grau verwandelte. Die Dinge, die für einige Stunden ein freies und selbstbewusstes Dasein geführt hatten, zogen sich wieder in sich selbst zurück, waren gezwungen, ihre Herrschaft über die Klasse abzugeben – diesmal nicht an die Schüler, sondern an die Finsternis.

Anne wurde müde. Der Tag mit seinen vielen Aufregungen hatte sie erschöpft, und die Dunkelheit besaß eine besänftigende, einschläfernde Wirkung. Sie schob zwei Bänke zusammen und legte sich auf das nackte Holz; ihren Anorak breitete sie über sich wie eine Decke. So zu liegen war ihr nicht einmal unangenehm, und wenn sie die Beine anzog, die Hände ein wenig unter den Bauch schob, fühlte sie sich wie in der Höhle unter dem Schreibtisch: Auch dort kauerte sie manchmal auf dem harten Boden, wenn am Abend das Lagerfeuer erloschen war und die Dunkelheit in das Zimmer flutete.

Sie blickte auf ihre Armbanduhr, konnte mit Mühe im

letzten Licht das Zifferblatt erkennen – halb acht. Die Mutter würde bald nach Hause kommen, es war an der Zeit. Mit ihrem energischen Schritt, den Anne schon immer bewundert hatte, würde sie durch die Diele gehen, die Tür des Kinderzimmers öffnen und ihr »Halloo, mein Mäuschen! Wo bist du?« rufen. Diesmal jedoch würde Anne nicht sichtbar werden, weder an einer versteckten noch an einer unversteckten Stelle. Selbst wenn die Mutter in die Höhle hineinsah, die Mauern der Burg beiseiterückte, immer lauter und verwirrter »Spatzi! Aber wo bist du denn?« rief, es würde vergebens sein … Die Müdigkeit senkte sich schwer auf ihre Lider, und die Rufe der Mutter, die aufgeregten Schritte, mit denen sie umherging, verloren sich in der Ferne.

Anne erwachte mit dem ersten Licht des Tages. Sie hängte ihren Anorak an die Garderobe zurück und ging zum Waschbecken, um sich das Gesicht mit Wasser zu betupfen. Dann setzte sie sich auf ihren Platz, verschränkte die Arme vor der Brust und wartete. Mit jeder Minute, die verging, wurde ihr unbehaglicher zumute, sie malte sich aus, wie die Klassenkameraden bei ihrem Anblick in Staunen und Lachen ausbrechen würden; und schon im Vorhinein senkte sie beschämt die Augen.

Schließlich wurden die ersten Geräusche hörbar, irgendwo im Gebäude entstand ein Rumoren, das anschwoll, Stimmen und Schritte näherten sich durchs Treppenhaus, bemächtigten sich der Flure … Als die Tür zur Klasse aufgeschlossen wurde, saß Anne schmal und mit erloschenem Gesicht da. Ihre Hand, die neben dem Stuhl herabhing, streifte über den

Ranzen, und unwillkürlich, mit einer zögernden Bewegung, beugte sie sich zur Seite und fing an, ihre Hefte und Stifte hervorzuholen. Die Mitschüler trotteten geräuschvoll herein, im allgemeinen Gedränge gab es niemanden, der Anne beachtete; zwar warf der eine oder andere einen Blick auf sie, wunderte sich vielleicht auch ein wenig, dass sie schon an ihrem Platz saß, doch dabei blieb es. Als Letztes kam der Lehrer herein, und der Unterricht begann.

4

Die Mutter liebte das Meer, und so machte sie mit ihrer Tochter Jahr für Jahr Urlaub auf der Insel Spiekeroog. Sie reisten in der vorgerückten Saison, der Kosten wegen, und wohnten in einer sehr dürftigen Pension, von der aus man das Meer weder sehen noch hören konnte, Haus Heideblume. Die Mutter lag tagsüber im Strandkorb, was nicht selbstverständlich war, im Gegenteil sogar ungewöhnlich: Es herrschte frisches Wetter, der Himmel war von morgens bis abends bedeckt, und die meisten Urlauber mieden den Burgenstrand, gingen mit Windjacke und Gummistiefeln am Saum des Meeres spazieren. Die Mutter dagegen hatte einen Bikini angelegt und kämpfte verbissen um jede Spur von Bräune. Am späten Vormittag und frühen Nachmittag drehte sie, unter Aufbietung all ihrer Kräfte und kleine Stöhnlaute ausstoßend, den Strandkorb im Sand, um ihn nach der weiterrückenden Sonne auszurichten. So gelang es ihr tatsächlich, nach einigen Tagen eine gewisse Farbe zu entwickeln, was jeder der bis zum Kinn verhüllten Urlauber, die an ihrem Korb vorüberkamen und einen verwunderten Blick auf sie warfen, anerkennen musste.

Anne hatte viel Zeit für sich allein. Sie ging am Meer entlang und sammelte Muscheln und Krebse in einen Eimer; oder sie lag in den Dünen und blickte zu den Seeschwalben hinauf, die durch den grau verhangenen Himmel segelten und ihre kleinen, harten Schreie zur Erde fallen ließen; oder sie beschäftigte sich auf unbenennbare Weise. Am Mittag saß sie gern hinter dem Strandkorb der Mutter, freute sich, einen Schutzschild gegen die Sonne zu haben (selbst wenn diese hinter den Wolken verborgen blieb), und vertrieb sich die Zeit mit einem Spiel, das sie »Verschwinden« nannte. Sie streckte ihre Beine aus und bestreute sie so lange mit Sand, bis sie nur noch als zwei flache Wellen erkennbar waren; dann legte sie sich auf den Rücken und häufte mit kleinen Handbewegungen Sand auch auf ihren Oberkörper; schließlich ragte nur noch ihr Kopf hervor, der allerdings die gleiche Farbe wie der Sand hatte, sodass es gewissermaßen keine Rolle spielte, ob sie ihn bedeckte; bei alldem stellte sie sich vor, sie sei eine Flunder oder eine Seezunge und liege auf dem Boden des Meeres.

Es dauerte nicht lange, bis die Mutter Rudi kennenlernte, einen Mann mit kräftig ausgebildeten Oberarmen und buschig wucherndem Schnurrbart, Kranführer aus dem Rheinland. Die beiden kamen zwanglos ins Gespräch, als Rudi eines Morgens, nur mit Badehose bekleidet, einen Dauerlauf am Strand machte, der ihn einige Male hintereinander dicht am Strandkorb der Mutter vorüberführte. Als die Sonne am Mittag um ein gutes Stück vorangerückt war, drehte Rudi mit größter Leichtigkeit, nur einen einzigen seiner starken Arme benutzend, den Korb herum, was der Mutter Ausrufe staunender Begeisterung entlockte. Am Nachmittag sah Anne die beiden in einem Café an der Strandpromenade sitzen; sie redeten viel und schauten dabei auf die Brandung hinaus. Am nächsten Morgen, als Rudi wieder seinen Dauerlauf machte, nahm die Mutter, sobald sie in der Ferne das Geräusch seines keuchenden Atems hörte, ihre Sonnenbrille ab und winkte mit beiden Armen; Rudi trabte heran und legte sich, um von der Strapaze des Laufens zu verschnaufen, neben sie in den Korb.

Rudi wohnte ebenfalls in einer sehr dürftigen Pension, der Kosten wegen. In seinem Zimmer stand ein schmales und hartes Einzelbett, während Anne und die Mutter in einem breiten, höchst bequemen Doppelbett schliefen. So kam es, dass sich Rudi und die Mutter in den nächsten Tagen mehr als einmal für ein Stündchen in Haus Heideblume zurückzogen. Anne durfte derweil an der frischen Luft bleiben, die Mutter strich ihr jedes Mal mit einer zärtlichen Geste, die beinahe mehr war als bloße Mechanik, über den Kopf und sagte: »Bis später, mein Schatzilein! Wenn ich zurückkomme, gehen wir ein riesiges Stück Kuchen essen. Ich versprech's dir!«

Das Wetter war inzwischen noch unwirtlicher geworden. Vom Morgen an lag die Insel unter Dunstschleiern, die in langsam treibender und ziehender Bewegung waren. Selbst in den Mittagsstunden gelang es der Sonne nicht, sich durch das Gewaber hindurchzukämpfen; nur als bleiche Scheibe, wie der Mond an einem leuchtenden Mittagshimmel, stand sie über den Dächern des Dorfes. Kaum war es Nachmittag geworden, setzte die Dämmerung ein, mischte graue und bräunliche Töne in das Weiß, und bald machten der Nebel und die Dunkelheit gemeinsame Sache, um alle Formen zerrinnen zu lassen.

Anne liebte es, durch die stillen Straßen zu schlendern. Nur wenige Inselgäste waren unterwegs, die meisten hatten sich vor dem Nebel, dessen Kräfte nicht zu erschöpfen waren, in die Häuser geflüchtet. Hin und wieder zeichnete sich irgendwo eine fahle Gestalt ab, schien einen Versuch zu unternehmen, sich aus dem zerfließenden Dunst herauszuarbeiten, hatte jedoch keinen Erfolg damit und entschwand wieder ins Nichts. Der Nebel nahm den Menschen ihr Eigenständiges, Besonderes, verwandelte sie in Phantome, die sich bis zur Ununterscheidbarkeit glichen; auch trennte er sie voneinander ab, und jeder ging in seiner wabernden Umhüllung für sich allein. Die Häuser schienen nicht aus Stein gebaut, sondern aus einer geheimnisvollen Substanz, die ohne Festigkeit war: Sie zogen wie weißgraue Schatten an Anne vorüber, sahen so verschwommen und unvorhanden aus, als könne sie mitten durch sie hindurchgehen, ohne einen Widerstand zu spüren.

Einmal verließ sie die Promenade, setzte ihren Weg am Strand fort, der weiß und schimmernd, wie mit unzeitigem Schnee bedeckt, dalag. Das Meer hatte sich von der Insel zurückgezogen, die Brandung, gedämpft zu einem feinen eintönigen Rauschen, drang aus weiter Ferne herüber. Große

Nebelschwaden, die unheimliche Formen bildeten, trieben an Anne vorüber, schienen aus dem Boden emporzusteigen wie Dampf aus kochendem Wasser. Langsam und träumerisch, die Hände in den Taschen ihrer Jacke, ging sie voran, in die Weite und Unsichtbarkeit hinein, immer den gespenstischen Wellen entgegen. Ein feuchtkühler Hauch fächelte um ihr Gesicht, das die gleiche weiße Farbe wie der Nebel hatte. Je weiter das Dorf in der Ferne zurückblieb, desto leichter fiel ihr das Gehen, ohne Mühe schwebte sie auf der glatten Fläche dahin, kaum schienen ihre Füße noch den Boden zu berühren. Ihr Körper war so durchscheinend und unvorhanden, dass die Nebelschleier mitten durch ihn hindurchtrieben …

»Nanu, Deern! Was machst du denn hier? Gehst du ganz allein spaziern?«

Anne öffnete die Augen und sah einen Mann auf sich zukommen. Er war von Kopf bis Fuß in gelbes Ölzeug gekleidet, das so kräftig aus dem Nebel hervorleuchtete, dass es fast ihren Augen schmerzte. In der linken Hand trug er einen Spaten und in der rechten einen Eimer, der von Krebsen und Miesmuscheln überquoll.

»Nee, nee, Deern! Du gehst uns noch verloorn! Komm man lieber mit, du, ich bring dich zurück ins Doorf.«

5

Als Anne vierzehn war, streifte sie ihr Mädchensein ab und verwandelte sich in eine blonde Frau – dennoch geschah nicht viel. Sie blieb so kaum-bemerkbar, wie sie immer gewesen war, besonders ihr Gesicht tat sich nicht leicht, die Metamorphose mitzumachen, es verharrte im Vorläufigen und Ungefähren, war wie ein Versprechen, das die Gelegenheit versäumte, in Erfüllung zu gehen. Sie veränderte sich auf linkische Weise, trug ihr neues Frausein mit sich herum wie etwas Verwirrendes und Peinliches, auch mit gewissen Schwierigkeiten Verbundenes, das ihr von irgendwoher aufgedrängt wurde und von dem sie nicht den üblichen Gebrauch zu machen verstand. Sie zog sich weiterhin achtlos an; es kam ihr nicht in den Sinn, die Mutter darum zu bitten, ihr eine bestimmte Hose oder Jacke, die jetzt alle in der Schule trugen, oder ein weniger unschuldiges Paar Schuhe zu kaufen. Neben ihren Klassenkameradinnen, die meist weniger versprochen hatten als sie, dies wenige jedoch mit beglücktem Eifer einlösten, wirkte sie wie ein zu groß geratenes Kind.

Sie verließ die Schule vor der Zeit. Niemand hatte je von ihr erwartet, dass sie über die Mittlere Reife hinausgelangen würde; immer hatte sie zu denen gehört, für die es schon einen beachtlichen Erfolg bedeutete, wenn sie nicht allzu weit hinter dem Hauptfeld zurückblieben. Jahr für Jahr fiel es den Lehrern schwerer, sie verständnisvoll und mit schonender Nachsicht zu behandeln; schließlich hielten sie die Zeit für gekommen, sie die Konsequenzen spüren zu lassen, die sich aus ihrem hartnäckigen Schweigen, ihrer unüberwindlichen Entzogenheit nun einmal ergaben. Vielleicht hatte man sie allzu lange davor bewahrt!

Die Mutter tat nichts, um das scheinbar Unausweichliche abzuwenden, im Gegenteil freute sie sich über die Aussicht, dass Anne endlich Geld verdienen würde. Sie selbst war keine gute Schülerin gewesen, hatte nur die Hauptschule besucht und sogar dort, wie sie mit einem Lächeln, voller Großzügigkeit gegen sich selbst, zu sagen pflegte, »immer zu den faulsten und schlechtesten gehört«. Trotzdem habe sie anschließend »ihren Weg gemacht«, womit sie den Weg in das Pils-Eck meinte.

Eine kleine Bäckerei in der Nähe suchte eine »freundliche und zuverlässige Verkäuferin«, wie ein handbeschriebener Zettel mitteilte, der an der Ladentür befestigt war. Die Mutter drängte Anne, sich diese gute Gelegenheit nicht entgehen zu lassen; und als sie bemerkte, dass ihre Tochter unentschlossen war, sich nicht sogleich durchringen konnte, den Weg hinter einen Tresen voller Kuchen und Brote einzuschlagen, machte sie ein strenges Gesicht und verfiel in einen aufgeregten Wortschwall; dies reichte schon, Anne gab nach.

Der Bäckermeister führte ein Gespräch mit ihr; vor Aufregung nahm sie kleine und flache Atemzüge, konnte keinen Satz herausbringen, der mehr als vier oder fünf Worte umfasste, und ihre Stimme fiel auf ein schüchternes, von allen Kräften verlassenes Hauchen herab, sodass es dem Bäckermeister, selbst in der Stille des Ladens, nicht leichtfiel, sie zu verstehen oder auch nur zu hören. Dennoch nickte er am Ende, denn sie machte, alles in allem, einen freundlichen und zuverlässigen Eindruck.

Kaum hatte Anne einige Tage in der Bäckerei gearbeitet, begann sie, sich mit dem Gang der Dinge abzufinden. Es blieb ihr, so glaubte sie, keine andere Wahl, und selbst wenn ihr doch eine geblieben wäre, hätte sie wohl nicht die Kraft besessen, sie zu ergreifen. Günstig wirkte sich aus, dass ihr der Duft von frisch gebackenem Brot immer schon gefallen hatte; auch war die Ladenstube mit dem gläsernen Tresen, in dem zwölf Sorten Kuchen und Torten sowie drei Sorten belegter Brötchen auslagen, und den schräg geneigten Regalen, auf denen sich sieben Sorten Brot reihten, ein nicht unangenehmer Ort. Sie trug einen braunen Kittel, der sich farblich von den Broten nur wenig unterschied, und im Haar ein braunes Häubchen. Zum Glück kamen nicht viele Kunden; die wenigen wurden von einem Glöckchen angekündigt, das über der Tür angebracht war und Anne jedes Mal rechtzeitig, zugleich auch sanft, nur mit einem dezenten, nicht zu jäh hervortretenden Ton, aus ihrer Versunkenheit weckte. Sie machte ihre Sache recht gut, bemühte sich, fleißig und geschickt zu sein, denn sie wollte den Bäckermeister zufriedenstellen oder jedenfalls verhindern, dass sie Scherereien mit ihm bekam, die ihren Frieden hinter dem Tresen, das behagliche Dahinströmen der Stunden, hätten stören können.

6

Am Morgen kam manchmal ein junger Mann in die Bäckerei und kaufte ein belegtes Brötchen. Er war Anstreicher und trug weiße Latzhosen, die mit Flecken in verschiedenen Farben gesprenkelt waren, sowie an manchen Tagen einen klischeehaften Hut aus Zeitungspapier. Wenn er vor dem Tresen stand und mit dem Zeigefinger auf das gewünschte Brötchen mit Schinken und Käse zeigte, verströmte er einen Geruch von Terpentin und frischer Farbe, auch von männlicher Körperlichkeit, der sich gegen den Duft der Brote energisch durchsetzte und auch dann noch eine Weile wahrzunehmen war, wenn er den Laden schon wieder verlassen hatte. Ab und an ging er draußen auf dem Bürgersteig vorüber, gemütlich schlendernden Schrittes und eine Zigarette in der Hand, und warf einen Seitenblick durchs Schaufenster.

Er drang in Annes Träumereien ein. Wenn sie am frühen Morgen, noch bevor sie die Ladentür aufschloss, zwanzig belegte Brötchen für den Tag schmierte, gab sie sich mit einem zart-freudigen Gefühl der Vorstellung hin, dass eines davon der unbekannte Anstreicher kaufen würde. Sie dachte an sein etwas zu rundliches und verschwommenes, jedoch gutmütiges Gesicht, das ihr von der ersten Begegnung an gefallen hatte, auch an seine Koteletten, die noch schütter und flaumig waren, weniger den Beginn seiner Männlichkeit anzeigten, als den Beweis dafür lieferten, dass er über die Stufe des Jungen noch nicht weit hinausgekommen war. Von Zeit zu Zeit hörte sie seine Stimme in sich, die weich und melodiös war, geradezu einen gesanglichen Schmelz besaß, wie sie ihn noch bei keinem anderen Mann gehört hatte.

Wenn er in den Laden kam und ihr mit einem ausgeprägten Lächeln entgegenblickte, fiel es ihr nicht leicht, die eingeschliffene Formel »Guten Morgen. Was darf's sein?« aufzusagen, und in die feinen Äderchen ihrer Wangen strömte so viel Blut ein, dass ihr Gesicht, wie es seit den Zeiten in der Wiege nicht mehr vorgekommen war, eine bemerkbare Farbe annahm. Sie reichte ihm, gepresst und mit Anstrengung atmend, sein Brötchen über den Tresen und versenkte sich, während er das Geld auf den Zahlteller legte, in den Anblick seiner Finger, die wohlgeformt waren, wenn auch mit Farbflecken besät, und dies schon am frühen Morgen, wenn seine Arbeit noch gar nicht begonnen hatte.

Einmal traf sie ihn auf der Straße, als sie am Nachmittag von der Bäckerei nach Hause ging. Es war ein heißer Sommertag, sie trug eine luftige Bluse in Weiß, die von all ihren Kleidungsstücken das am wenigsten biedere war, und ihre Haare, die acht Stunden lang geduldig unter dem Häubchen ausgeharrt hatten, spielten leicht und befreit im Wind. Der junge Mann kam, ein Liedchen pfeifend, seinen Papierhut wegen der Hitze in den Nacken geschoben, aus einem Hauseingang. Als er Anne sah, hörte er auf zu pfeifen, lächelte ihr halb überrascht und halb mit freundlicher Vertrautheit zu und sagte »Na – hallo, du!« Sie ging vorüber, ohne ihn anzublicken, geschweige denn seinen Gruß zu erwidern, und noch lange, während sie, mit leicht beschleunigtem Schritt, auf dem Bürgersteig davonstrebte, glaubte sie seinen Blick in ihrem Haar zu spüren, und in ihrer Kopfhaut regte sich ein feines elektrisches Kitzeln, das ihr neu war.

Am nächsten Morgen, als sie die Brötchen schmierte, wählte sie im Vorhinein eines für ihn aus, das sie großzügiger als die anderen mit Butter bestrich, auch legte sie den Schinken und den Käse doppelt und fügte noch drei Gurkenscheibchen hinzu. Allerdings war die Mühe umsonst – denn er kam nicht. Am Nachmittag waren fast alle Brötchen verkauft, nur zwei warteten noch in der verglasten Theke, darunter das für ihn bestimmte, das nach so vielen Stunden des Wartens schon ermattet, nicht mehr recht appetitlich aussah und sie anblickte wie das Sinnbild ihrer Enttäuschung.

Auch an den nächsten Tagen ließ er sich nicht sehen, was seine Wirkung auf Anne nicht verfehlte. Sie geriet noch öfter als sonst ins Träumen, und nicht immer war das Glöckchen über der Tür in der Lage, sie aus ihrer Versunkenheit zu wecken – erst wenn die Kunden sich ungeduldig räusperten, mit anschwellender Stimme ihre Wünsche äußerten, fuhr sie auf wie eine Schlafende. Von Zeit zu Zeit sah sie durch das Schaufenster hinaus, wartete mit leidender Geduld auf den Moment, in dem er vorübergehen und zu ihr hereinblicken würde, sein zutrauliches Lächeln auf den Lippen – oder sie stellte sich vor, dass er gerade nicht hereinsehen, seinen Blick irgendwohin ins Weite richten, mit gänzlicher Teilnahmslosigkeit und Kälte seines Weges gehen würde – und dieser Gedanke trieb ihr den Schweiß aus den Poren.

Am vierten Tag kam er zur Tür herein – Anne musste sich gegen den Tresen stützen und mit geöffnetem Mund einige tiefe Atemzüge nehmen, um nicht ins Schwanken zu geraten.

Er setzte ein harmloses und gleichmütiges Gesicht auf, und vielleicht bemerkte er, dass sein taktischer Schachzug den gewünschten Erfolg erzielt hatte. Während er mit seiner unreinlichen Hand auf die Brötchen zeigte, sagte er: »Wir haben uns doch letztens auf der Straße gesehen.«

Anne war starr.

»Ja«, sagte sie und holte mit unsicheren Fingern das Vorzugsbrötchen hervor, das sie auch an diesem Morgen wieder für ihn geschmiert hatte.

»Hast du Lust, mit mir ein Eis zu essen?«, fragte er. »Später, wenn du Feierabend hast?«

Sie musste alle Kraft zusammennehmen, um ein »Ja« hervorzubringen, das laut genug war, um über den Tresen bis zu ihm hin zu dringen.

»Ich heiße Holger, und du?«

Ehe sie antworten konnte, ließ sich das Glöckchen hören, und eine alte Frau mit Dackel trat herein. Holger nahm das Wechselgeld vom Zahlteller, lächelte auf zweideutige Art und zwinkerte ihr mit einem Auge zu, als wollte er sagen: »Schade! ... Vor ihr können wir nicht weiterreden ...«, und ging hinaus.

7

Sie aßen Eis unter den rot-weiß gestreiften Sonnenschirmen des Café Dolomiti. Holger fragte sie nach diesem und jenem, und sie antwortete knapp, mit Worten knausernd, in rasch versiegenden Sätzen, die ihm jedoch zu gefallen schienen; jedenfalls lächelte er auf zufriedene und verständige Art, als reichten ihm schon kleine Andeutungen aus, um sich über alles, worauf es ihm ankam, ein Bild zu machen. Auch er selbst sprach nicht viel; oft betrachtete er nur den Rauch seiner Zigarette, der im sommerlichen Wind über den Bürgersteig davontrieb, und schien sich an der Vorstellung zu weiden, dass er ein Mädchen dazu gebracht hatte, mit ihm ins Café Dolomiti zu gehen.

Einmal fragte er: »Soll ich dir ein Kunststück zeigen?«

Anne nickte, und er hielt den Daumen seiner rechten Hand in die Höhe und drückte, ohne eine Miene zu verziehen, die glühende Spitze der Zigarette auf der Kuppe aus.

Sie beugte sich erschrocken im Stuhl vor und starrte seine Hand an.

»Ich habe Hornhäute auf den Fingern – die sind ganz dick«, erläuterte er. »Mit der rechten Hand halte ich immer den Pinsel – davon kommt das.«

Er steckte sich eine neue Zigarette an, blickte dem verwehenden Rauch nach und schien hochzufrieden zu sein, dass sein Kunststück sie beeindruckt hatte.

Am Wochenende gingen sie ins Kino. Holger hatte den Film ausgewählt, und Anne verstand nur sehr ungefähr, worum es ging – in verwirrendem Tempo trieben die Bilder über die Leinwand, *eine* grobe und hastige Szene folgte der anderen, und in jeder zweiten kam es aus unklaren Gründen zu Getöse. Es musste sich um eine Komödie handeln, denn im Kino wurde viel gelacht, auch Holger schlug manchmal mit der Faust auf die Armlehne und stieß durch die Nase ein Pruschen aus. Annes Gedanken waren anderswo – es schien ihr unwirklich, dass sie hierher geraten war, dass neben ihr Holger, nur eine Handbreit entfernt, auf die Leinwand blickte und Popcorn aus einer Tüte aß. Wie war es möglich, dass etwas so Schönes, das so gar nicht in ihr Leben passte, geschah? Wie hatte sie es verdient, dass Holger Gefallen an ihr fand, dass er ihr im Dunkeln Blicke zuwarf, mit der Hand über ihren Arm, ihre Schulter streifte? Und wie lange würde all dies dauern – musste es nicht schon bald in sich zusammenfallen? An diesem Abend schon, noch ehe der Film zu Ende war – vielleicht in der nächsten Minute, beim nächsten Getöse?

Als sie vom Kino fortgingen, nahm Holger ihre Hand, und sie entzog sie ihm nicht. Die Sonne war schon hinter den Häuserdächern verschwunden; schütteres Licht spielte am Himmel, die grauen Tuschen des Abends legten sich über die Stadt. Holger führte sie durch kleine Straßen, die sie kaum kannte; dabei hielt er immerzu ihre Hand, mal streichelnd, dann wieder allzu fest, mit nervöser Wachsamkeit, als dürfe er sie sich, wie eine Beute, die er glücklich erobert hatte, nicht mehr entschlüpfen lassen.

Plötzlich blieb er vor einem Hauseingang stehen und sagte: »So, hier wohne ich. Kommst du mit hoch?« Anne spürte, wie ihr Herz sich in der Brust verkrampfte; sie wusste nicht, ob sie einverstanden war, doch hatte sie Furcht, dass bei einem falschen Wort, auch nur einer Spur von Zögern, alles sogleich in sich zusammenfallen werde, und so nickte sie.

8

Eines Abend holte Holger sie an der Bäckerei ab. Sie wollten zu der Party eines Malerkollegen gehen, und Anne hatte sich, wie sie es nun zuweilen tat, mit einem gewissen Aufwand gekleidet, trug eine blassrosa Hose, unter der die Formen ihres Körpers nicht vollständig verschwanden, und eine nahezu rote Bluse, die ihr die Mutter geschenkt hatte und die eher zu einer Frau als zu einem Kind passte. Ihre Haare waren im Nacken mit einer blassrosa Schleife zu einem Zopf gebunden; so gefiel es Holger, der überhaupt eine Vorliebe für ihre Haare hatte, gern einzelne lange Strähnen zwischen seine Finger nahm, um mit ihnen zu spielen, und stolz darauf war, eine blonde Freundin zu haben.

Sie gingen schweigend nebeneinander her, und Holger legte nicht den Arm um ihre Schultern, wie es sonst seine Art war. Mit sichtlicher Unruhe zog er an seiner Zigarette – er schien nachzudenken, einen Gedanken hin und her zubewegen, der ihm Unbehagen bereitete; einmal murmelte er etwas vor sich hin, das nervös und unfreundlich klang und das Anne nicht verstehen konnte. Als sie am Eingangstor des Stadtparks vorüberkamen, sagte er: »Lass uns da reingehen, okay? Wir haben ja noch ein bisschen Zeit.«

Der Park lag im Dunkeln. Sie waren die Einzigen, die so spät noch über die Kieswege gingen, und Anne fühlte sich unbehaglich, schob mit einer halb zärtlichen, halb beklommenen Geste ihre Hand unter seinen Arm.

Ein Springbrunnen plätscherte im Finstern, aber das Geräusch besaß nichts Tröstliches. Aus den Bäumen, die als schwärzliche Silhouetten in die Höhe ragten, drang das Zwitschern später Vögel. Als sie an einer Wiese vorübergingen, umwehte sie der Duft von frisch geschnittenem Gras und mischte sich in den Farbgeruch hinein, den Holger auch abends, wenn er seine Malerkluft ausgezogen hatte, nie ganz einbüßte.

Plötzlich blieb er stehen, legte die Hände auf ihre Schultern und sagte:

»Du, ich ... hab ein anderes Mädchen kennengelernt. Wir ... können nicht mehr zusammen sein.«

Anne hörte um sich die Stille des Parks, in die nun kein einziges Geräusch mehr drang. Die Vögel schwiegen in den Bäumen, als sei ihnen ein geheimes Zeichen gegeben worden. Kein Springbrunnen war in der Nähe. Annes Augen begannen warm zu werden, sie musste mit den Lidern klimpern, und unwillkürlich hoffte sie, dass Holger ihr Gesicht im Dunkeln nicht sehen könne. Weit entfernt, jenseits der Parkmauern, hupte ein Auto.

Als Holger die Hände in die Hosentaschen schob, wie es zu seinen Gewohnheiten gehörte, und sich mit einer kleinen Kopfbewegung umschaute, wusste sie, dass er erleichtert war, das Schwierigste und Unangenehmste hinter sich gebracht zu haben. Vielleicht dachte er auch schon darüber nach, welchen Weg sie nun einschlagen müssten, um so rasch wie möglich aus dem Park hinauszugelangen.

9

Anne lebte dahin wie früher. Mit jener stummen Geduld, die sie schon immer für so vieles aufgebracht hatte, die ihr so nahelag und so wenig Mühe bereitete, dass von Geduld kaum die Rede sein konnte, ertrug sie den Schmerz der Trennung. Es gab Tage, an denen sie so oft an Holger zurückdachte, dass sie selbst den Eindruck gewann, sie tue schlechterdings nichts anderes – oder das wenige, was sie sonst noch tat, sei ein bloßer Automatismus, ein mechanisch sich abspulendes und kaum in ihr Bewusstsein dringendes Geschehen, das den einzigen Zweck besaß, vor anderen Menschen zu verbergen, womit sie sich in Wahrheit beschäftigte.

Die wenigen Wochen, die sie mit Holger verbracht hatte, waren in ihrem Gedächtnis bis in die winzigsten Einzelheiten aufbewahrt, es schien nichts zu geben, das sie nicht deutlich, mit dem Schmelz des Gegenwärtigen und Lebendigen, vor ihrem inneren Blick heraufrufen konnte. Zugleich besaßen diese Erinnerungen auch einen traumartigen Zug: Wie an jenem Abend im Kino war ihr zumute, als sei alles nicht mit rechten Dingen zugegangen, als habe sie ein Glück erlebt, das in ihrem Dasein eigentlich keinen Platz besaß oder das sich lediglich einer Verkettung von sonderbaren und unergründlichen Zufällen verdankte, die nie wiederkehren würden.

Abends ging sie gern im Städtchen spazieren. Es war früh Winter geworden in diesem Jahr, und sie trug einen schwarzen Mantel, der ihr bis zu den Knöcheln hinabreichte und mit dem sie in der Dunkelheit nahezu unsichtbar war. Er besaß auch eine haubenartige Kapuze, die sie vor dem Gesicht mit einem Bändchen zusammenschnürte: Nur ein kleiner ovaler Ausschnitt blieb frei, durch den sie, nicht ganz unbehindert, hinausschauen konnte. Sie genoss die Leere der Straßen, in die sich nur selten, wie eine zufällige und unbedeutende Ausnahme, die gleich wieder aus dem Blickfeld verschwand, ein Fußgänger drängte. Zwar hatte sie keine Abneigung gegen Menschen, ging ihnen nicht mit Bedacht aus dem Wege – dies wäre schon ein Akt der Auflehnung gewesen, den sie nicht über sich brachte –, doch liebte sie die Abgeschiedenheit, konnte sich keine schönere Zweisamkeit wünschen als die mit sich selbst und ihren Träumereien.

In der Bäckerei stand sie mit verschwimmendem Blick und fast ohne sich zu regen hinter dem Tresen. Nicht nur ihrem brotfarbenen Kittel und Häubchen war es zuzuschreiben, dass die Kunden sie noch öfter als gewohnt übersahen. Sie kamen zur Tür herein, murmelten mit halblauter Stimme ihren Gruß und warfen einen Blick im Laden umher, der nicht fand, was er suchte. Nach einer Weile hüstelten sie, riefen mit unterschiedlichen Graden von Irritation »Hallo?« oder »Wird man hier auch bedient?!«. Dabei stand Anne längst bereit, lächelte über die Theke hinweg ein sanftes und nach innen gewandtes Lächeln, und schließlich sagte sie mit ihrer leisen Stimme, die in letzter Zeit noch an Kraft eingebüßt hatte, zu einem bloßen Flüstern oder Hauchen herabgesunken war, sodass selbst der zarte Ton des Türglöckchens sie überdeckte: »Guten Tag. Was darf's sein?«

DIE KLEIDER DES MONDES

Märchen

Der Mond stand am düsteren Himmel und fror. Es war Winter auf der Erde, in weißem Schimmer lagen alle Felder und Wälder, und bis ans Firmament stieg der eisige Hauch empor. Zuweilen hüllte eine Wolke den Mond in ihre Schleier, auf dass er sich wärmen könne, doch bald schon zog sie wieder in die Dunkelheit davon. Da kam die alte Mutter des Mondes, um nach ihrem Kinde zu sehen; sie stützte sich auf ihren Knotenstock, und den Kopf hatte sie wegen der Kälte in lauter Tücher gewickelt.

»Was ist mit dir, mein lieber Sohn?«, sprach sie. »Du siehst gar beklommen drein, ist dir nicht wohl?« »Wie sollt mir wohl sein!«, antwortete der Mond. »Die Nacht ist kalt, und mich friert bitterlich.« »Mein gutes Kind, du dauerst mich«, sprach die Mutter, »ich nähe dir ein Kleid, das dich wärmen soll. Warte nur drei Tage, so bringe ich's dir.« »Näh' geschwind, Mutter!«, rief der Mond. »Mir schlottert der Leib, gar lang schon harre ich in der Kälte!«

Die Mutter ging davon und machte sich in ihrer Stube

emsig an die Arbeit, und nach dreien Tagen kam sie zurück in den Himmel, und über ihren dürren Armen trug sie ein Kleid, das war aus warmer Wolle. »Tag und Nacht hab ich genäht für dich«, sprach sie zum Mond, »kaum dass ich geschlafen und gegessen hab. Nun bringe ich dir ein gutes Kleid, das wird dich wärmen.«

Wie aber der Mond das Kleid anlegte, da passte es ihm nicht auf den Leib, denn er war gewachsen unterdessen. »Was soll mir der Fetzen!«, sprach er verdrießlich. »Er wärmt nicht gegen die Kälte, und an allen Enden sieht der Leib hervor. Gar schlecht hast du mir Maß genommen.« »Wie geht das zu«, sprach die Mutter verwundert, »sind meine Augen so schwach? Warte nur, liebes Kind, ich eile zurück in mein Haus, und wenn drei Tage um sind, bringe ich dir ein größer Kleid.« »Spute dich, Mutter, die Nächte sind kalt, und länger mag ich's nicht dulden!«

Wieder nähte die Mutter drei Tage und drei Nächte, und gab ein tüchtiges Stück Stoff hinzu; doch als sie zurück in den Himmel kam, da stand der Mond groß und rund in der Finsternis, und so hell strahlte sein Licht, dass alle Sterne um ihn her verblassten. »Gib mir das Kleid!«, rief er ihr entgegen, und wie er sich's anlegte: »Willst du mich zum Besten haben? Was knauserst du immer mit Wolle? Siehst geizig auf jede Elle?«

Die Mutter rang die Hände, und die Tränen stürzten ihr über die Wangen. »Ich sehe wohl, mein Kind, gar jämmerlich ist mir's geraten«, sprach sie. »An Wolle hab ich's nicht fehlen lassen, doch meine Finger sind steif und gebrechlich.« »Hast du kein Mitleiden mit deinem Kinde?«, rief der

Mond. »Nimm nur die Lumpen zurück, sie sind zu nichts nütze!«

Traurig ging die Mutter davon, und in ihrer Stube legte sie das Kleid zu den übrigen. Tag um Tag saß sie neben dem Ofen, und nahm keinen Bissen in den Mund, zu groß war ihr Jammer, denn immer ging ihr das Kind durch den Sinn, das frierend am Himmel stand. Endlich ertrug sie's nicht länger, und wieder nahm sie ihren Knotenstock und machte sich auf den Weg, doch als sie in den Himmel kam, erschrak sie bis in ihre Seele hinein, denn der Mond war ganz schmal geworden, nur noch wie ein blasser Hauch stand er in der Finsternis.

»Du bist gar lange ausgeblieben, Mutter«, sprach der Mond mit matter Stimme, und trübe sahen seine Augen unter den Lidern hervor. »Vor Kälte bin ich ganz schwach und zittrig, aber nicht einmal einen dünnen Fetzen bringst du, mich zu wärmen.« Die Mutter wollte ihr Kind umarmen, doch wagte sie's nicht, denn zu groß war ihre Angst, dass es zwischen ihren Armen vergehen werde. »Zürne mir nicht«, rief sie, »hab Erbarmen mit deiner Mutter, bald sollst du gewärmt sein!«, und sie eilte davon, und in der Stube nähte sie geschwind, mit fliegenden Fingern, ein neues Kleid, die Reue und das Mitleiden ließen ihr keine Ruh, und nur ein Tag und eine Nacht vergingen, da kehrte sie wieder zum Himmel zurück. Doch der Mond war nun schier verschwunden; sie suchte das ganze Firmament ab, so weit ihre müden Beine sie trugen, und fragte auch die blinkenden Sterne, ob sie nicht ihr Kind gesehen hätten, doch die schwiegen. Da kehrte sie nach Hause zurück, und es fehlte nicht viel, so wäre ihr vor Gram, dass sie eine solche Rabenmutter sei, das Herz gebrochen.

TOD DES PROFESSORS

Schirwindt schloss die Vorlesung. Während die Studenten auf die Bänke klopften, der Hörsaal sich mit dem Geraschel des Aufbruchs füllte, nahm er sein Notizbüchlein vom Pult und ließ es mit einer Geste, die betonter und umständlicher als nötig war, in die Tasche des Jacketts gleiten. Mehr als dieses Hilfsmittels, für das er bei den Studenten berühmt war und das sein anekdotisches Erkennungszeichen bildete, bedurfte er nicht – in deutlichem Unterschied zu seinen Kollegen, die niemals einen Hörsaal betraten, ohne sich mit dicken Kladden oder umfänglichen Zettelkonvoluten zu bewaffnen. Während der Vorlesung hatte er nur gelegentlich, und stets mit herausgekehrter Beiläufigkeit, einen Blick in das Büchlein geworfen, um auch den unaufmerksamsten Beobachter darüber ins Bild zu setzen, dass er alles, was er zu sagen hatte, im Gedächtnis trug; nun da die Vorlesung endete, konnte er der Versuchung nicht widerstehen, sein geliebtes Utensil ein letztes Mal, gleichsam in einem Schlussakkord der Selbstgefälligkeit, vor aller Augen zu produzieren.

Als er zur Tür ging, die Hand noch immer in der Jacketttasche, blieben zwei Studenten stehen, um ihm den Vortritt zu lassen, einer von ihnen brachte es sogar fertig, eine winzige Verbeugung zu machen und mit der Hand zur Tür zu weisen. Schirwindt musste innerlich lächeln: Selbst die heutige Generation besaß doch noch einen gewissen Sinn für den Rang eines Professors, oder vielmehr: *Er* genoss so großes Ansehen, dass die jungen Leute, die sich sonst gegen alles auflehnten, was Rang und Namen hatte, vorübergehend handzahm wurden. Der Blick aus seinen schwarzbraunen Augen, der auch im Alter nichts von seiner suggestiven Schärfe verloren hatte; die silbergraue Mähne, die er aus der Stirn in grandiosem Schwung nach hinten bis in den Nacken kämmte, sodass sie Erinnerungen an Franz Liszt weckte (wer wagte das heute noch?); sein Ruf als Groß-Ordinarius alter Tübinger Schule, als unangefochtene Koryphäe der geschichtlichen Fakultät – all dies machte so viel Eindruck, dass die Studenten, als sei das neunzehnte Jahrhundert noch nicht vergangen, Haltung annahmen und Ehre erwiesen, wem Ehre gebührte.

Er ging ins Professorenzimmer, um seinen Mantel zu holen. Es war Freitagnachmittag, das Wochenende hatte begonnen, und so fand er das Zimmer nahezu leer. Nur Müller-Theisen, der Althistoriker, saß noch an seinem Platz. Er las in einer Fachzeitschrift, indem er das Kinn gegen die Brust drückte und über den Rand seiner wulstigen Brille hinwegblinzelte; dazu aß er eine reichlich mit Blutwurst belegte Stulle, die er so fest zwischen seinen Fingern hielt, als fürchtete er, sie könnte ihm jederzeit entgleiten, und trank Kaffee aus einer Thermoskanne. Sein kahler Schädel, der immer aussah, als sei er mit Öl eingerieben, reflektierte den

Schein der Deckenlampe und wirkte in dem dämmerigen Raum, dessen Wände mit dunklem Holz getäfelt waren, wie eine Lichtquelle.

»So spät noch hier, Herr Kollege?«, warf Schirwindt hin.

»Ja, aber nicht mehr lange. Wenn ich mit diesem Artikel fertig bin, werde ich gehen.«

»Tun Sie das, tun Sie das.«

»Heute soll es noch schneien. Und zwar nicht zu knapp.«

»Ja. Das habe ich auch gehört.«

»Ein Grund mehr, sich bald auf den Weg zu machen.«

»In der Tat. Essen Sie aber vorher noch Ihre Stulle auf – es wäre schade drum.«

»Keine Sorge, das werde ich.«

»Und trinken Sie auch Ihren Kaffee aus. So viel Zeit muss sein.«

»Ja, da haben Sie wohl recht.«

Ein mokantes Lächeln spielte um Schirwindts Lippen, er amüsierte sich über das stumpfsinnige Gespräch, doch mit Müller-Theisen, der zum Fußvolk der Professorenschaft gehörte, dem das Zeichen der Mittelmäßigkeit auf die geölte Stirn geschrieben stand, durfte man so sprechen, ohne sich etwas zu vergeben. Nach einer anstrengenden Vorlesung, wenn man erschöpft war und das Bedürfnis hatte, seinem Kopf ein wenig Entspannung zu gönnen, gab es nichts Angenehmeres, als mit *ihm* zusammenzutreffen. Selbst wenn man sich noch so spöttisch und parodistisch ausdrückte, das biedermeierliche Gerede bis zur Grenze des Grotesken trieb: Müller-Theisen schien es kaum zu bemerken, ging treuherzig darauf ein, oder wenn ihm ausnahmsweise doch einmal der Verdacht kam, man könne sich über ihn lustig machen, war er viel zu gutmütig, um es übel zu nehmen. »Müller-Theisen hat sich durch sein schwaches Buch über den Peloponnesischen Krieg einen Namen gemacht« – so lautete ein Bonmot, das im Kreis der Kollegen umlief und an dessen Verbreitung sich Schirwindt nach Kräften beteiligte.

Er schlenderte über den stillen Flur. Durch die hohen Fenster warf er einen Blick hinaus in den Januarhimmel: Schneewolken ballten sich über der Stadt, massig und anthrazitfarben. Sie verharrten in unheimlicher Regungslosigkeit, konnten sich nicht entschließen, ihre Last abzuwerfen, fanden genug daran, die Menschen durch ihren Anblick in unheilvolle Erwartung zu versetzen. Ein Gedicht fiel ihm ein, das er gestern Abend, vor dem Einschlafen, gelesen hatte, von Lermontov, der zu seinen Lieblingen gehörte. »Wolken sind wie sehnsüchtige Träume« … oder »Wolken ziehen wie schwermütige Gedanken« … oder … »Am Himmel … ziehen …« Er konnte sich nicht mehr erinnern. Das war misslich, versetzte seiner Eitelkeit einen Stich; immer öfter kam es vor, dass sein Gedächtnis sich widerspenstig zeigte, mit diesem oder jenem nicht herausrücken wollte. Der Kopf ließ nach – darüber konnte er sich nicht hinwegtäuschen. Auf behutsame Weise, mit wohlerzogener Zurückhaltung, klopfte der Verfall bei ihm an. Doch, nun ja – der Schaden hielt sich in Grenzen, für diesmal wenigstens, es ging ja bloß um eine Gedichtzeile. Und vor dem Einschlafen war er natürlich müde gewesen, hatte sich nicht jedes einzelne Wort einprägen können – das wäre ihm selbst in seinen besten Zeiten so gegangen.

Er ging durch die große Eingangshalle. Mit ihren Säulen in dunkelgrünem Marmor, die in goldenen Kapitellen ausliefen und die man nur als geschmackvoll bezeichnen konnte, bildete sie das Prachtstück der Universität, zeugte von dem erheblichen Respekt, den die Wissenschaft sich selbst entgegenbrachte. Ein Kronleuchter spendete huldvolles Licht, und an den Wänden waren Porträtbüsten aufgestellt: Professoren der Vergangenheit, mit Bärten in diversen Formen sowie mit Stirnen, deren Höhe nicht ganz glaubwürdig war. »Die verehrten, wenn auch vergessenen Vorgänger«, wie Schirwindt sie zu nennen pflegte. Ein Lächeln zuckte um seine Mundwinkel: Er kannte kaum einen der Herren mit Namen, konnte beim besten Willen nicht sagen, um wen es sich handelte – selbst er nicht. Wenn die Büsten dem Zweck dienen sollten, die Dargestellten im Gedächtnis der Nachwelt zu erhalten, sie kommenden Generationen zur Bewunderung zu empfehlen, so war dieser Zweck jedenfalls verfehlt worden. Die Herren ähnelten Müller-Theisen: Erst saßen sie im Professorenzimmer, eine Wurststulle in der Hand und wenige Gedanken im Kopf, anschließend wechselten sie in die Halle. Die Büsten waren untaugliche Versuche, die Unsterblichkeit herbeizuzwingen, erwachsen aus der zweifellos richtigen Erkenntnis, dass die Betreffenden es zu Lebzeiten versäumt hatten, ihrem Namen Dauer zu geben. Doch so einfach war es nicht, einen Menschen über die Zeit zu retten – ja die Büsten erzielten sogar einen gegenteiligen Effekt. Gerade weil man die Herren nicht kannte, wurde einem vor Augen geführt, dass sie ihren Nachruhm verfehlt hatten. Statt die Vergänglichkeit zu durchkreuzen, verliehen die

Büsten ihr den deutlichsten Ausdruck. Denkmale der Unberühmtheit! Es wäre gnädiger gewesen, die Herren aus den Wandnischen fortzuräumen – so wie man auch die Bücher, die sie geschrieben hatten, wohl längst aus den Bibliotheken ausgesondert, in Archiven für die Ewigkeit, oder vielmehr für die ewige Nichtbeachtung, vergraben hatte.

Draußen, auf dem Vorplatz der Universität, empfing ihn schneidende Luft. Es war noch kälter geworden in den letzten Stunden, auch ging ein unruhiger, immer wieder die Richtung wechselnder, etwas hinterhältiger Wind. Seit zwei Wochen lag Schnee in der Stadt, die Dächer waren mit einer weißgrauen Schicht überzogen, und an den Traufen hingen Eiszapfen, die es zu beachtlicher Länge und skurrilen Formen brachten. Die Bürgersteige allerdings waren geräumt, in einen Zustand tadelloser Begehbarkeit versetzt, wie es sich für ein schwäbisches Städtchen gehörte. Schirwindt knüpfte sich den Schal enger um den Hals, klappte den elegant geschnittenen, mit Biberpelz besetzten Mantelkragen in die Höhe. Er hatte es nicht eilig, nach Hause zu kommen; wie immer freitags wollte er sich das Vergnügen gönnen, einen Gang durch die Altstadt zu machen und Fühlung mit ihrer Schönheit aufzunehmen.

Schlendernd genoss er die Reinheit der Luft, die durch die Kälte noch gesteigert schien. Die Dunkelheit fing an, sich des Städtchens zu bemächtigen; in den Gassen leuchteten bereits die Laternen und warfen ihren matten Schein auf das Kopfsteinpflaster. Die Fenster der Häuser waren erleuchtet, schmückten die Dämmerung mit einem Muster aus gelblich schimmernden Vierecken. In der Grabenstraße, die über den Neckargrund hinführt, sah er auf die Dächer hinab, die terrassenförmig, scheinbar wirr und doch einer geheimen Ordnung folgend, den Hang hinaufstiegen. Nahebei ragte der Turm der Stiftskirche auf, der wie ein etwas klobig geratener Finger in den Himmel zeigte. Unten war der Neckar zu sehen, dunkler als die übrige Stadt, ein schwärzliches Band, in dem sich kein einziges Licht spiegelte – der Fluss schien bereits in die Finsternis der Nacht vorausgeeilt. Schirwindt kannte das Bild der Kirche, der Gassen, des Flusses bis in winzige Einzelheiten hinein, und doch verlor es nie seinen Reiz, die Wirkung war unverwüstlich, wie bei einem Musikstück, das man wieder und wieder hört, ohne seiner Schönheit überdrüssig zu werden, ja dessen Schönheit sich mit jeder Wiederholung vertieft.

Die Stadt war unversehrt durch die Jahrhunderte gelangt, hatte es auf rätselhafte Weise zuwege gebracht, sich den abnutzenden Kräften der Geschichte zu entziehen, schien überhaupt dem Gang der Zeiten enthoben, unter einen riesigen Glassturz gerückt. Alles, was man sah, war von der Vergangenheit durchtränkt und bewahrte die Stimmung von früher, in allem pochte, wenigstens für den, der hinzuhören verstand, das alte Deutschland. Wenn man durch diese Gassen ging, fühlte man sich von der Vergangenheit in geradezu körperlicher Weise eingehüllt. Bergendes Herkommen! Man musste nicht Historiker sein, musste nicht die berufsbedingte Schwäche besitzen, die Gegenwart als bloßes Anhängsel früherer Epochen zu betrachten, ihren Wert danach zu bemessen, wie viel Altes sich in ihr erhalten hatte, um von Tübingen hingerissen zu sein!

Er ging die Nonnengasse entlang, an der Sankt-Johannes-Kirche vorbei, auf den Marktplatz zu. Zwischen den eng stehenden Häusern fing sich der Wind, strich ihm hörbar, auf eine keineswegs angenehme Art an den Ohren vorüber, ließ sogar seine Mähne im Nacken ein wenig flattern. Er schmiegte sich in seinen Mantel, dies wunderbare Stück – vor Jahren hatte er ihn in Schweden gekauft, in Uppsala, als man ihm dort den Ehrendoktor verlieh; eine unbedingt lohnende Anschaffung, gemacht für skandinavische Temperaturen, noch nie hatte er in ihm gefroren ... Ja, die Freuden der Zivilisation! Man musste die Zumutungen der Natur nicht nur abwehren, sondern in eine Wohltat, ein subtiles Vergnügen umwandeln. Jeder Anschlag der Elemente lieferte einen Vorwand, sich mit erfreulichen Utensilien auszustatten, das Leben auf eine höhere Stufe der Kultur zu heben; es kam darauf an, alles und jedes als Gelegenheit zur Steigerung zu nutzen, so auch den Winter ...

In der Nonnengasse besaß sein Kollege Frenger ein hübsches Haus, an dem er nicht vorübergehen konnte, ohne einen Anflug Neid zu spüren. Es stammte aus dem siebzehnten Jahrhundert, hatte eine wohlproportionierte, fast aristokratisch anmutende Fassade, mit eleganten Schlagläden in Taubengrau, dazu mit einem Ziegeldach, das gleichermaßen wohlerhalten und windschief war. Eine Perle! In der Mansarde hatte einst der junge Buchhandelsgehilfe Hermann Hesse gewohnt, wie Frenger oft und gern zum Besten gab – ohne freilich den Anspruch zu erheben, er könne diese Behauptung auf ernstzunehmende Beweise stützen ... Frenger war überhaupt ein guter, angenehmer Mann, kein bisschen beschränkt, ausgestattet mit einer erstaunlichen Bildung – einer der wenigen im Institut, mit denen man ein Gespräch führen konnte, ohne sich zu langweilen. Nebenbei war er auch noch nützlich: Er hatte die Festschrift herausgegeben, die ihm im letzten Herbst zum sechzigsten Geburtstag gewidmet worden war. Und dies hatte er aus freien Stücken getan, ohne sich etwas davon versprechen zu können – nicht einmal sein Assistent war er gewesen ... Schirwindt lächelte ohne Mokanterie. Die Festschrift nahm unter seinen Triumphen einen der bevorzugten Plätze ein. Die Liste der Autoren war lang und glänzend: Kollegen aus Berkeley, Paris, Oxford, Cambridge, Budapest, Ankara und Bologna hatten Artikel beigesteuert – ganz zu schweigen von der Creme aus Deutschland. Das machte ihm in Tübingen niemand nach, zumindest nicht unter den Heutigen ...

In der Münzgasse kam ihm ein Student entgegen. Er trug eine rosafarbene Baseballmütze, die im Dämmerlicht auf seltsame Weise hervorleuchtete, sich als greller und frecher Fleck vom Graubraun der Fassaden abhob. Mit munterer Stimme redete er in sein Handy hinein, so schallend und unbekümmert, als sei es gar nicht möglich, anders zu reden als schallend und unbekümmert. Dazu machte er ein bestens gelauntes Gesicht und war unrasiert – nach Art von Leuten, die immer und überall unrasiert sind, für die es einen künstlichen, dringend zu vermeidenden Zustand bedeutet, ohne Stoppeln durch den Tag zu gehen. In der Hand trug er, der Kälte unerachtet, eine Bierflasche; einmal unterbrach er seinen Redefluss und nahm einige Schlucke, wobei er den Kopf lustvoll-weit in den Nacken legte – dies hatte zur Folge, dass sein Gang ins Schlingern geriet und er den einzigen Passanten in der Gasse fast angerempelt hätte.

Schirwindt sah ihm nach, denn das unfreiwillig Pittoreske, das ahnungslos Banale seiner Erscheinung faszinierte ihn. Das also waren die jungen Leute, vor denen man seine Vorlesungen hielt! Diese Bürschchen, diese »leichte Truppe«, wie Hegel gesagt hätte! Sahen sie so aus, als hätten sie das Zeug zu Leistungen der halbwegs bemerkenswerten Art? Konnte man sie für die Elite von morgen halten, die einmal das geistige Erbe antreten würde? ... Aber, nun ja; er durfte nicht übertreiben, auch wenn er noch so große Lust dazu verspürte. Über die Studenten die Nase zu rümpfen, sie in Bausch und Bogen gering zu schätzen, war schon immer eine Professoren-Unart gewesen. Es kam darauf an, sich den Glauben an den Nachwuchs zu erhalten; die Hoffnung gehörte zu den Geschäftsgrundlagen des akademischen Betriebs. Wenn man an den Nachrückenden zweifelte, verlor man früher oder später den Respekt vor der eigenen Arbeit – und das wäre ein absurdes Ergebnis gewesen! So viel Macht durfte man der leichten Truppe nicht zugestehen.

Er dachte an die Vorlesung zurück, und zwischen seinen Augen erschien eine senkrechte Falte, die fast bis an den Haaransatz hinaufstieg. Die Studenten waren nicht allzu interessiert gewesen, um es zurückhaltend auszudrücken; er hatte seine liebe Mühe gehabt, eine geistige Verbindung zu ihnen herzustellen, oder vielmehr: Er hatte es nicht geschafft. Schon der Anfang der Vorlesung war unglücklich gewesen: In Anspielung auf den düsteren Himmel vor den Fenstern hatte er mit einem Lächeln gesagt: »Die Eule der

Minerva beginnt erst mit der einbrechenden Dämmerung ihren Flug.« Dies hatte nicht die geringste Wirkung hervorgerufen, war sanft und friedlich im Hörsaal verhallt, so als habe er nicht einmal Deutsch gesprochen, sondern eine obskure Fremdsprache, die niemand verstand. Nur zwei oder drei hatten gelächelt, immerhin – aber wohl nur, um Verständnis zu heucheln und dem guten alten Mann einen Gefallen zu tun, der nun einmal die Gewohnheit hatte, unverständliche Zitate in seine Vorlesungen einzuflechten. Auch später war der Funke nicht übergesprungen, immer wieder hatte er das Gefühl gehabt, als seien die Studenten bloß in die Vorlesung gekommen, um ihre Zeit abzusitzen, eine ungeliebte Pflicht zu erfüllen, und als könnten sie nicht anders aus den Augen schauen als indifferent.

Was ging in diesen Leuten vor? Mit welchen Gedanken, welcher Sprache konnte man ihre Aufmerksamkeit wecken, welche Köder musste man auswerfen, um sie zum Anbeißen zu bewegen? Immer öfter kam ihm der Gedanke, dass die Studenten einer neuen Zeit angehörten, für die er nicht mehr gemacht, nicht mehr zu gebrauchen war. Gut möglich, dass er sich auf geistigen Bahnen bewegte, die für sie keinen Reiz mehr besaßen, auf denen sie ihm nicht mehr folgen wollten. Wahrscheinlich sahen sie in ihm einen Überholten, einen Abgetanen, ein geistiges Restexemplar, das zwar in der Vergangenheit Anerkennswertes geleistet haben mochte, der Gegenwart aber nichts mehr bieten konnte; jemanden, der sich mit seinem anachronistischen Gehabe, seinen selbstgefälligen Ironismen, seinen bildungsverliebten Anspielungen längst aus dem Hier und Heute verabschiedet hatte. Wie stand es um seine wissenschaftliche Unsterblichkeit, wenn er bei denen, die über kurz oder lang »die Wissenschaft« sein würden, nur noch ein gelangweiltes Hüsteln auslöste?

Inzwischen war es Abend geworden. Die Dämmerung in der Stadt verlor ihr Stimmungsvolles, nahm eine Wendung ins Scheele, nicht mehr Geheure. Die Häuser hatten sich in stumpfe und aschige Dunkelheit gehüllt, und selbst Schirwindt fiel es schwer, ihrem Anblick noch etwas Freundliches abzugewinnen. »Die Stadt ist entlichtet«, ging es ihm durch den Kopf – ein reizvolles Wort, leicht ins Absurde spielend, aus dem Sprachschatz der deutschen Mystiker, der ihn überhaupt faszinierte, in dem es viele originelle Prägungen gab ...

Von der Stiftskirche schlug es halb sechs. Die Töne hallten dünner und blecherner als gewöhnlich, schienen sich in der eisigen Luft zusammenzuziehen. Es war wohl an der Zeit, sich auf den Heimweg zu machen. Die Warnungen des Himmels wurden immer pathetischer, die Wolken gaben sich jede erdenkliche Mühe, den Menschen Angst und Schrecken einzujagen – und man musste ihnen den Gefallen tun, sie ein wenig ernst zu nehmen. Ohnehin fühlte er sich erschöpft, der Spaziergang hatte länger gedauert als an anderen Tagen, und in seinen Knien, die nicht mehr die jüngsten waren, die es sich angewöhnt hatten, auf jede Art von Strapazen mit Wehleidigkeit zu reagieren, spürte er ein Zittern.

Er ging zum Neckarufer hinab, und an der Eberhardsbrücke nahm er den Omnibus. Das Autofahren war seine Sache nicht; schon seit vielen Jahren hatte er sich nicht mehr ans Steuer gesetzt, es zehrte zu sehr an seinen Nerven; das

Fahren im Bus dagegen, bei dem er seinen Gedanken freien Lauf lassen konnte, empfand er als eine Wohltat. Er wohnte zwanzig Minuten vor der Stadt, schon am Fuß der Schwäbischen Alb. Dort besaß er, nahe am Rottenhofer See, ein Haus, das sich sehen lassen konnte: Es war groß genug, um Selbstbewusstsein auszustrahlen, sein geistiges Repräsentationsbedürfnis zu befriedigen, zugleich aber wahrte es auch einen bescheidenen Zug, bot ein Bild des Maßhaltens, der freiwilligen Zurückgenommenheit im Materiellen – so stand es einem Professor gut an. Er lebte allein, von einer Haushälterin, der guten Frau Blümling, umsorgt. Sicher würde sie schon das Abendessen vorbereitet, den Tisch im Esszimmer gedeckt haben – diese mustergültige, nie versagende Person, seine Versicherung gegen sämtliche Kontakte mit der Haushaltsführung.

Der Gedanke kam ihm, bei Frau Blümling anzurufen; womöglich wunderte sie sich schon darüber, dass er so lange ausblieb. Er öffnete die Aktentasche, kramte zwischen Papieren, Zeitschriften, Büchern herum, doch sein Handy war nicht zu finden. Er musste es heute morgen, als er aus dem Haus ging, auf dem Garderobentischchen liegen gelassen haben. Das war ihm in der letzten Woche schon einmal passiert … Nun ja, egal! Er lehnte es ab, solchen Vorkommnissen irgendeine Bedeutung beizumessen. Zerstreut war er schon immer gewesen! Er gehörte nun einmal nicht zu diesen lebenstüchtigen Menschen, deren Gedanken immer am Naheliegenden und Handfesten klebten, die nie den Faden der Wirklichkeit aus den Fingern ließen. Stattdessen richtete er seine Aufmerksamkeit auf das Wesentliche, und an dieses wiederum konnte er intensiv, mit unbedingter Konzentration denken – dazu waren jene anderen gerade *nicht* fähig, das war *ihre* Zerstreutheit ...

Der Bus war gut geheizt. Er spürte einen Lufthauch, der warm um seine Füße spielte, den Weg in seine Hosenbeine fand, an den Waden bis hinauf zu den Knien stieg – was im Übrigen ein nicht ganz angenehmes Gefühl war ... Er beugte sich herab und zog die Reißverschlüsse seiner pelzgefütterten Stiefeletten auf. Dies gehörte zu seinen lieben Gewohnheiten oder vielmehr Unsitten: Auch wenn er im Institut am Schreibtisch saß, gab er manchmal der Versuchung nach, es sich auf diese Art bequem zu machen. Nicht schön, gewiss – ein Junggesellenverhalten, geschmacklich durchaus angreifbar, aber noch im Rahmen des Erlaubten; und es gab ja niemanden, der es bemerken konnte, weder im Institut noch hier.

Der Bus rollte durch die Tübinger Vorstadt, die weniger schön als die Altstadt war und in der es an Zumutungen der Moderne nicht fehlte; doch die Dunkelheit war ihm zu Diensten, verbarg mit schonender Umsicht, was er nicht gern gesehen hätte. Er legte den Kopf in den Nacken und gab sich dem sanften Schaukeln und Schwanken hin. Wie bequem so ein Bus sein konnte – erstaunlich! Selbst das Gebrumm des Motors besaß noch seine Reize, es entfaltete eine beruhigende Wirkung, würde ihn früher oder später vermutlich einschläfern. Er fühlte sich wohlaufgehoben, hatte keinen anderen Wunsch, als friedlich und ungestört auf diesem Platz zu sitzen. Der Bus war ein Ort der Zivilisation. Die Kälte, der Schnee, der Wind – all diese Tücken der Natur, sie konnten nicht hereindringen, wurden mit den Waffen der Technik ausgesperrt, überlistet. Woher kam doch gleich das Wort Technik?! Vom griechischen »techné«, was »List« bedeutete. Eine sinnige Wortbildung!

Er fühlte, wie seine Lider träge wurden, und ein leichter Schwindel glitt durch seinen Kopf. Gestern Abend war es spät geworden, sehr spät. Er hatte noch lange an dem Aufsatz für diese englische Zeitung geschrieben, den er bald würde abliefern müssen ..., in zehn Tagen ... Eine lästige Arbeit, die ihm nicht gut von der Hand ging ... Wahrscheinlich wäre es klüger gewesen, sie abzulehnen ... Später hatte er sich noch ans Klavier gesetzt, um dieses Präludium zu spielen ... von Schostakowitsch ... Ein wunderbares Stück ..., mit viel Substanz ..., aber auch schwierig ..., es widersetzte sich ihm ..., wollte nicht in seine Finger hinein ..., schon seit zwei Wochen kam er nicht voran damit ... Ein milder Luftstrom strich um seine Schläfen ... – –

»Nächster Halt – Degerbacher Grund.«

Schirwindt erwachte aus seinem Schlummer, hob benommen den Kopf, wusste nicht, wo er sich befand. Im Bus, natürlich! Die Stimme des Fahrers, aus einem Lautsprecher dringend, hatte ihn geweckt. Degerbacher Grund? ... Er hatte die Haltestelle verpasst! War zu weit gefahren! ...

Er drückte auf den Halteknopf neben dem Sitz, stand auf, was ihm nicht leichtfiel, denn seine Beine fühlten sich taub an, und raffte die Aktentasche unter den Arm. Schon bremste der Bus, die Tür öffnete sich, er tappte die Stufen hinunter, zittrig und ungeschickt, er musste sich an der Tür festhalten, um nicht zu straucheln. Ein Flockenwirbel empfing ihn, die

Kälte schnitt in sein Gesicht, er schwankte auf dem Bürgersteig, denn die letzte Stufe hatte er zu rasch genommen. Hinter ihm schloss sich die Tür, dann dröhnte der Motor so gewaltig auf, dass es in den Ohren schmerzte. Der Bus fuhr in das wilde Gestöber hinein, die roten Lichter leuchteten aus dem Dunkeln, wie die Augen eines bösen Tieres, rasch wurden sie matter und verschwanden.

Er senkte den Kopf, um sein Gesicht gegen die Flocken zu schützen, und stellte den Mantelkragen in die Höhe. Seine Stiefeletten versanken im Schnee des Bürgersteigs. Er ärgerte sich über sein Missgeschick – wie konnte ihm das nur passieren! Im Bus einzuschlafen! Jetzt war er an einen unmöglichen Ort geraten – der Degerbacher Grund lag weitab, im oberen Neckartal –, hier sagten sich Fuchs und Hase Gute Nacht! Es würde ihn viel Zeit kosten, von hier wieder fortzukommen. Und dann auch noch dieses maßlose Wetter – wann hatte er zum letzten Mal ein solches Gestöber erlebt?! Neben der Straße ragte eine Wand aus Bäumen auf, hoch und finster. Gegenüber lag ein Feld oder eine Wiese, kaum zu erkennen, im Schwarzen sich verlierend. Die Straße war von Schnee bedeckt, nur wenige Reifenspuren malten sich im Weißen, und kein Auto war zu hören.

Schirwindt streicht sich eine Strähne, die ihm ins Gesicht herabhängt, nach hinten in die Mähne zurück. Es bleibt ihm nichts übrig, als auf den nächsten Bus zu warten, der zurück nach Tübingen fährt. Lästig, aber unvermeidlich! Er überquert die Straße, um zur gegenüberliegenden Haltestelle zu gelangen. Im Gehen bemerkt er, dass etwas nicht stimmt: Die Schuhe …, sie sitzen zu locker an seinen Füßen …, natürlich, die Reißverschlüsse! Er erreicht den Bürgersteig, geht in die Knie, macht sich an den Stiefeletten zu schaffen. Einer der beiden Reißverschlüsse klemmt; so sehr er auch zerrt, es ist vergeblich – das tückische Ding lässt sich nicht schließen. »Techné!«, murmelt er zwischen den Zähnen. »Weiß Gott –, die Reißverschlüsse sind eine List. Aber wen überlisten sie – den Menschen! ...« Er muss die Stiefelette später schließen, auf der Rückfahrt nach Tübingen, wenn er wieder im Warmen sitzt. Er richtet sich auf, stößt einen Seufzer aus, über den er selbst erstaunt – er hat einen gepressten, leidenden Ton, ist wie das Stöhnen eines alten Mannes.

An der Haltestelle hängt ein Fahrplan aus. Schirwindt versucht, ihn zu lesen, doch vergebens. Die Flocken tanzen vor seinen Augen wie ein Schwarm weißer Fliegen; in der Nähe leuchtet eine Laterne, aber ihr Licht ist zu schwach, dringt nicht bis zu ihm her. Er stampft mit den Füßen, die zu frieren beginnen. Wenn er doch nur ein Taxi rufen könnte! Aber auch das ist unmöglich, er hat ja sein Handy vergessen ...

Am Rande der Wiese oder des Feldes zeichnen sich, fünfzig Schritt entfernt, die Umrisse eines Hauses ab. Es muss eine Gaststätte sein; an der Fassade leuchtet ein Schriftzug, fahl und gelblich, ein Neonschild. Nun, das ist gut – dort kann er Zuflucht finden! Er wird sich ein Taxi bestellen, auch eine Tasse Tee trinken, um seine kalten Glieder zu wärmen, wieder zu Kräften zu kommen ...

Zu der Gaststätte führt eine schmale Stichstraße. Der Schnee liegt hier noch höher als auf dem Bürgersteig, reicht ihm bis zur halben Wade hinauf. Neben der Straße läuft ein Graben entlang, dahinter dehnt sich unwirkliche, flockendurchwirbelte Schwärze. Er stapft vorwärts, hält sich den Arm schützend vor die Augen. Bei jedem Schritt dringt etwas Schnee in die Stiefelette, sein Fuß fühlt sich nass und eisig an. Doch nicht mehr lange, gleich wird er ins Warme kommen ...

Die Umrisse des Hauses schälen sich aus dem Finstern heraus. Das Schild, »Gasthof Zum Sonneneck«, strahlt in die Nacht, grell und zittrig; sonst aber ist alles dunkel, nirgends zeigt sich ein Licht. Auf dem Vorplatz parken keine Autos. Nicht das leiseste Geräusch ist zu hören. Schirwindt versucht, die Eingangstür zu öffnen – sie gibt nicht nach. Er ruft »Hallo! Ist da jemand?! Hallo?!« – niemand gibt ihm Antwort. Er zieht und rüttelt an der Klinke – umsonst.

Angst steigt in ihm auf. Er spürt sein Herz klopfen, in harten und drängenden Schlägen. Er hat den Weg umsonst gemacht, muss zur Straße zurückgehen. Wie dumm! Wie sinnlos! Warum ist er nicht an der Haltestelle geblieben?! Schwer hebt sich seine Brust unter dem Mantel, mit offenem Mund saugt er die Schneeluft ein. Wieso ist er so erschöpft? Seine Füße frieren heftig, er darf nicht länger stehen bleiben ...

Wieder stapft er auf dem Weg voran. Die Flocken werden bösartiger, sie kitzeln und stechen in seine Wangen, er muss sich vornüberbeugen, weit vornüber, auch mit dem Arm das Gesicht bedecken, so geht es ... Plötzlich sinkt sein Bein ein, er stürzt zur Seite, fällt auf die Schulter – der Graben! ... Er ist in den Graben getreten! ... Sein Mund ist voller Schnee, hustend spuckt er ihn aus. Alles dreht sich um ihn ... die Flocken kreisen, ... wirbeln, rasen ...

Er darf nicht liegen bleiben, muss wieder auf die Füße

kommen … Mühsam richtet er sich auf, will sein Bein aus dem Graben ziehen, doch der Schnee hält es fest. Mit beiden Händen zerrt er an seinem Knie, dreht und windet sich in den Hüften, langsam gleitet das Bein heraus … Er steht auf … – die Stiefelette! Er hat die Stiefelette verloren! Sie ist steckengeblieben, im Graben … Er lässt sich wieder herab, taucht den Arm in den Schnee, bis an die Schulter, tastet nach allen Seiten, … seine Hand wühlt in der Tiefe …, er rutscht auf den Knien, nach rechts, nach links, es ist vergebens …, vergebens, … er kann die Stiefelette nicht finden …

Mit einer heftigen Anstrengung steht er auf. Er muss zur Straße gehen! Wenn er hier bleibt, im Finstern, ist er verloren! … Langsam, Schritt vor Schritt, strauchelt er voran. Seine Beine schwanken …, er streckt die Arme zu den Seiten aus, um nicht zu fallen. Sein Fuß brennt vor Kälte … Der Schnee! … Er ist wie Feuer! Wie Feuer! … Wo ist die Straße? Er kann sie nicht mehr sehen …, sie ist verschwunden …, irgendwo im Gestöber … Der Fuß, der Fuß! … Kein Mensch kann dieses Brennen ertragen! … Er muss versuchen, auf einem Bein zu gehen – ja, das ist es: auf einem Bein, wie ein Kind, … er muss hüpfen …, über den Schnee hinweg …, hüpfen …, hüpfen … Da rutscht er zur Seite, seine Arme wirbeln um den Körper, hart prallt sein Kopf auf das Eis.

DER AUSBRUCH

Kalendergeschichte

Steckelberg wäre ein braver, rechtschaffener Mann gewesen, wenn er nicht die Neigung gehabt hätte, Dinge in seinen Besitz zu bringen, die ihm nicht gehörten. Sah er eine Armbanduhr am Handgelenk eines anderen, so trug er sie bald an seinem eigenen; und wenn der andere sich fragte, wo seine Uhr geblieben sei, konnte er fast nie die Antwort finden. Dieses »fast nie« hatte zur Folge, dass Steckelberg im Gefängnis des Städchens eingesperrt war. Dort sollte er noch einige Jahre bleiben; dies schien ihm indessen eine zu lange Zeit, und so beschloss er, sie nicht abzuwarten.

Jeden Tag schaffte er im Hosenbein ein Stück Bindfaden in seine Zelle; er arbeitete nämlich in der Werkstatt des Gefängnisses, und dort konnte er sich mit manchem Nützlichen versehen. Aus den Fäden flocht er mit geduldigem Fleiß ein Seil, denn er wollte sich aus seiner Zelle, die in großer Höhe, unter dem Dach des Gefängnisses, gelegen war, in die Freiheit hinablassen. Jeden Abend wirkte er ein neues Stück Faden in das Seil, das immer länger und verheißungsvoller wurde; und mit jeder Handbreit, um die es wuchs, wuchs auch seine Sehnsucht nach der Freiheit. Am Morgen verbarg er das Seil unter der Matratze seiner Pritsche, denn er wollte es die Wärter nicht sehen lassen, die wohl die Nase darüber gerümpft hätten.

Schließlich kam der große Tag heran, das Seil war endlich lang genug. Zum letzten Mal verließ Steckelberg die Werkstatt, und diesmal trug er im Hosenbein keinen Faden mit sich, sondern eine Feile. Als die Lichter im Gefängnis erloschen, begann er die Gitterstäbe durchzufeilen. Er ging leise zu Werke, denn er wollte das Geräusch vor den Wärtern verbergen, die es wohl nicht gerne gehört hätten. Fünf Stäbe standen ihm im Wege, und mit jedem, den er herausfeilte, kam er der Freiheit ein Stück näher. Um Mitternacht hatte er den letzten bezwungen; jetzt band er das eine Ende des Seils an der Pritsche fest, das andere warf er zum Fenster hinaus, zwängte sich selbst hinterdrein, – und schon hing er in der Luft, unter sich das schlafende Städtchen, über sich den sternenklaren Himmel.

Nie zuvor hatte er ein solches Glück genossen! Ein sanfter Wind wehte an der Mauer entlang und trug ihm die süßen Düfte des Sommers zu. Gewaltig dehnte sich über ihm das Firmament, und die Sterne grüßten blinkend aus der Unermesslichkeit. Wie oft hatte er des Abends, seine Wange an das Gitter gelehnt, von diesem Augenblick geträumt, doch seine Träume waren nicht so schön, nicht so selig gewesen! Ein leichter Schwindel bemächtigte sich seines Kopfes und brachte die Sterne vor seinen Augen zum Kreisen – es war der Schwindel der Freude!

Ohne Eile, Stück für Stück, ließ er sich an der Wand hinab und summte eine Melodie dazu, um seinem Überschwang Luft zu machen. Niedergleitend schwang er sich ein wenig nach links, ein wenig nach rechts, für seine kräftigen Arme war dies ein Leichtes, und verspielt tänzelten seine Füße über die Mauer hin. So mochte sich ein Trapezkünstler fühlen, der in der Höhe der Zirkuskuppel, berauscht von seiner Freiheit, auf weiten und schönen Bahnen dahinschwingt.

Auf halbem Weg in die Tiefe hielt er inne. Über sich, grau und in der Finsternis entschwindend, sah er das Fenster seiner Zelle – unter sich, grau und aus der Finsternis sich lösend, das Pflaster der Straße. Die Zelle, die ihn bedrückt hatte, wich zurück, und die Freiheit, nach der er sich sehnte, rückte heran. Was konnte es Herrlicheres geben, als zwischen den beiden zu schweben? Die Freude über das Ent-kommen, die Sehnsucht nach dem An-kommen, sie rieselten in ihm durcheinander. Mal blickte er in die Höhe, mal blickte er in die Tiefe – schwingend und tänzelnd genoss er sein Glück.

Aus einem Zellenfenster neben sich hörte er ein Schnarchen, dies störte ihn aus seiner Verträumtheit auf; und da er nicht immer so schweben konnte, ließ er sich ein Stück weiter hinab. Was mochte ihn wohl dort unten erwarten? Es war Nacht, und er hatte keine Bleibe; so würde er zu seiner alten Geliebten, Veronika, gehen. Ach, Veronika! Schon einmal, vor Jahren, hatte er des Nachts an ihre Tür geklopft, von einer Zechtour kommend, und da fand er sie, zu seinem Schrecken, in den Armen eines anderen. Wenn es heute wieder so geschähe?

Doch irgendwohin musste er gehen, er konnte nicht die ganze Nacht im Städtchen umherstreifen. Auch trug er den gestreiften Drillichanzug des Gefängnisses, und jeder Schutzmann, der ihn auf seiner nächtlichen Runde bemerkte, würde ihn sogleich als Sträfling erkennen. Er stieß einen leisen Seufzer aus: Wie schrecklich es wäre, wenn man ihn packte und zurück ins Gefängnis brächte! Nie wieder könnte er ausbrechen, jeden Tag würden die Wärter seine Matratze lüften, in seinen Hosenbeinen nach Feilen und nach Bindfäden suchen!

Er ließ sich ein weiteres Stück hinab, und rau streiften seine Schuhe über die Wand. Sollte er zu Martin gehen, seinem alten Kumpel? Ach, nein; ihm schuldete er noch Geld, einen ganzen Haufen sogar. Wo sollte er es hernehmen? Überhaupt war Martin schlecht auf ihn zu sprechen. »Wenn du rauskommst, rechnen wir ab!«, hatte er ihm gedroht. Und er war ein gewaltiger Bursche mit zwei starken Fäusten, beinahe ein Riese – dem Bruno hatte er vor Jahren ein Auge ausgeschlagen ...

Er blickte in die Höhe zurück. Kaum noch sah er sein Zellenfenster im Finstern, und wie ein steiler, unheimlicher Felsen ragte die Mauer in die Nacht. Die Sterne hatten aufgehört zu blinken und grüßten ihn nicht mehr. Der Wind war schwächer geworden und trug keine Düfte mehr heran. Wie schön war es doch eben gewesen, als er dort oben schwebte, zwischen Himmel und Erde, schaukelnd und tänzelnd!

Er ließ sich ein Stück hinab, und seine Arme begannen schwächer zu werden. Im Nachbarstädtchen wohnte die

Mutter, sollte er zu ihr gehen? Sie weinte oft, wenn sie an ihn dachte, denn es brach ihr das Herz, dass ihr Sohn ein Dieb war. Ach, die Arme! Wie würde sie erschrecken, wenn er mit einem Mal vor ihr stünde, des Nachts, im Drillich!

Eine Fledermaus huschte an seinem Kopf vorüber, er zuckte zusammen und stieß mit dem Knie gegen die Mauer. Immer heftiger, wie mit unsichtbaren Gewichten, zog es ihn in die Tiefe. Er musste alle Kräfte zusammennehmen, um sich zu halten. Nur noch ein wenig! Solange er schwebte, wirkte der Zauber fort! Doch das war schon kein Schweben mehr – er baumelte wie ein Mehlsack hin und her –, und die Straße kam immer näher! Ein letztes Mal blickte er empor: Die Sterne waren verschwunden, leer und schwarz stand der Himmel – das Glück des Entkommens, wo war es geblieben? Seine Arme wurden schlaff, er konnte sich nicht mehr halten, scheuernd raste das Seil durch seine Hände, und mit Wucht prallte er aufs Pflaster.

»Hier geblieben, Bursche!«, riefen zwei Wächter mit harten Stimmen und packten ihn an den Schultern. Schon lange hatten sie zugesehen, wie er schwebend und zögernd seinen Weg aus der Höhe herab nahm, und sich in Bereitschaft gestellt. Voller Staunen blickte er in ihre grimmigen Gesichter, rieb sich die Ellenbogen, die blutig aufgeschlagen waren, und brachte ein »Ich danke euch« über die Lippen.

AUFSTIEG UND FALL EINES WEIHNACHTSMANNS

1

Schon früh im Jahr begann der kleine Robert über Weihnachten zu sprechen, in den ersten Herbsttagen, wenn die Natur noch einen vollständig unweihnachtlichen Anblick darbot und niemand außer ihm bereit war, auch nur flüchtig an das Christfest zu denken. Dabei sprach er nicht etwa über die Geschenke, die er am Heiligabend zu bekommen hoffte, behelligte seine Eltern nicht mit verfrühten Wünschen; vielmehr fragte er die Mutter, wann sie endlich die geliebte Engelsgirlande im Flur aufhängen werde, oder drängte den Vater, mit ihm in den Forst zu gehen, um eine Tanne fürs Wohnzimmer zu schlagen.

Bereits als Fünfjähriger ließ er sich von der Mutter in die Kunst einweisen, Kokosmakronen zu backen und den Mandelspekulatius so aus den Formen zu lösen, dass er nicht in Stücke sprang. Der Dresdener Christstollen, den er zum ersten Mal als Siebenjähriger backte, löste bei allen, die davon kosteten, ungläubigen Respekt aus. Er brillierte in der

Schule, wenn es galt, Sterne aus Goldpapier zu falten; daheim setzte er diese Arbeit fort, fertigte eine so überreiche Zahl von Sternen, dass das Elternhaus sie schier nicht aufnehmen konnte, und beschenkte noch die Nachbarn mit den Erzeugnissen seines Bastelfleißes.

Roberts Mutter gab sich Mühe, das Haus in besonders liebevoller und reichhaltiger Weise zu schmücken, um ihrem einzigen Kind eine Freude zu bereiten, doch musste sie immer wieder die Erfahrung machen, dass Robert ihre Anstrengungen nicht für ausreichend hielt. So lobte er zwar die handgeschnitzte Krippe aus dem Erzgebirge, die auf der Kommode im Wohnzimmer stand, wünschte sich aber Jahr um Jahr (und immer bereits im Herbst) zusätzliche Figuren – einen zweiten Ochsen, einen dritten Hirten, sogar einen vierten König aus dem Morgenland. Durch große Hartnäckigkeit und unter Einsatz von Tränen setzte er es durch, dass die Eltern ein Weihnachtsgeschirr mit grün-goldenem Rand anschafften, obwohl die finanziellen Verhältnisse der Familie eine solche Ausgabe eigentlich nicht zuließen. Wenn die Mutter beim Dekorieren des Hauses das Radio einschaltete und unweihnachtliche Schlagermusik erklingen ließ, presste Robert die Lippen zusammen, ging mit indignierter Miene zum Radio und schaltete es aus.

Die größte Freude machte es Robert, sich als Weihnachtsmann zu verkleiden. Er legte zu diesem Zweck eine rote Wolldecke um seine Schultern, setzte sich eine Zipfelmütze auf und gab seinem Kindergesicht einen Ausdruck, der zwischen gütiger Freundlichkeit und majestätischem Ernst die Mitte hielt. Solcherart kostümiert, stellte er sich vor den

Spiegel im Schlafzimmer der Eltern, betrachtete mit stiller Aufmerksamkeit sein Bild und fand an dem, was er sah, so großen Gefallen, dass oft halbe oder ganze Stunden vergingen, ehe er wieder aus dem Schlafzimmer hervorkam. Regelmäßig führte er kleine Szenen vor der Mutter auf: Wenn sie am Nachmittag auf dem Sofa saß und in einer Illustrierten blätterte, trat er zur Tür herein und ging ruhigen Schrittes, die Decke wie eine Schleppe hinter sich herziehend, im Zimmer auf und ab, nickte ihr auf gemessene Weise zu und vollführte kleine Gebärden, deren Sinn sich der Mutter zwar nicht erschloss, die aber einen entschieden weihnachtlichen Charakter hatten.

Mit der Zeit wurde Robert selbstbewusster, die Mutter reichte ihm als Publikum nicht mehr aus, es drängte ihn, seine Kunst auch vor anderen zu präsentieren. Die Nachbarn, die von seiner Vorliebe wussten, luden ihn in ihre Wohnungen ein, denn sie wollten ihm aus Gutmütigkeit einen Gefallen tun und versprachen sich überdies eine drollige Darbietung. Sobald er allerdings mit seiner roten Schleppe in ihre Wohnzimmer trat, aus seinem Sack selbstverfertigte Geschenke hervorholte, kleine Ansprachen dazu hielt, die in vollkommener Weise den weihnachtlichen Ton trafen, auch dem einen oder anderen Kind, das es im abgelaufenen Jahr an Artigkeit hatte fehlen lassen, mit der Rute drohte – dann waren sie verblüfft; einen so gewandten und durchgeformten Auftritt hatten sie nicht erwartet, und wenn sie auch hinter vorgehaltener Hand über ihn lächelten, war es doch ein Lächeln voller Achtung und mit einer Spur von Nachdenklichkeit.

Die Tage nach Weihnachten versetzten Robert in eine melancholisch gedrückte Stimmung. Das elterliche Wohnzimmer, das eben noch eine Schatzkammer gewesen war, angefüllt mit den kostbarsten und märchenhaftesten Dingen, bot ein Bild der Erloschenheit. Die Geschenke waren verschwunden, hatten sich über alle Zimmer des Hauses verstreut, rückten schon in die gewohnten Bestände ein; auf dem Boden lagen hässliche Fetzen von Geschenkpapier umher, bald würde die Mutter zum Besen greifen und Ordnung schaffen; an tausend Zeichen war erkennbar, dass die Weihnachtszeit, die ihn lange wie eine bergende Hülle umschlossen hatte, ihrem Ende entgegeneilte, viel zu rasch der ungeliebten Nüchternheit, dem zauberlosen Alltag das Feld überlassen würde.

Jahr für Jahr bat Robert seine Eltern, mit dem Fortträumen der Dekoration recht lange zu warten. Er bestürmte die Mutter, zwischen den Jahren noch einmal Lebkuchen und Vanillekipferln zu backen, setzte es durch, dass der Adventskranz bis in den Januar hinein jeden Tag für eine Stunde entzündet wurde, fegte regelmäßig die Nadeln weg, die von den Zweigen des Bäumchens herabrieselten, um dem Vater keinen Grund zu geben, dies wichtigste aller Requisiten fortzuschaffen … Dabei spürte er zu seinem Schmerz, dass die Eltern ihm mit einem gewissen Kopfschütteln zusahen; offenbar fühlten sie sich nach den vielen Festtagen zufrieden und gesättigt, unternahmen nicht die geringste Anstrengung, die herrliche Zeit in die Länge zu ziehen, ja schienen sogar froh, endlich wieder in die Bahnen der normalen Ödnis einschwenken zu können.

Der Vater, der ein nüchterner Mann war, hielt es für seine erzieherische Pflicht, den Launen des Sohnes, so liebenswert sie sein mochten, gewisse Grenzen zu setzen. Bei sich bietender Gelegenheit erklärte er ihm mit freundlichem Ernst, dass nicht jeder Tag ein Festtag sein könne, dass die Weihnachtszeit gerade deshalb so schön sei, weil sie irgendwann einmal wieder zu Ende gehe, und Weiteres dieser Art. Zur Abrundung zitierte er den Spruch

>»Nichts ist schwerer zu ertragen
>Als eine Reihe von guten Tagen.«

Dabei strich er dem Sohn gutmütig mit der Hand über die Wange und fügte hinzu, der Vers sei berühmt und stamme von Goethe.

Robert machte ein verstocktes Gesicht, denn er konnte beim besten Willen nicht begreifen, warum gute Tage etwas Schlechtes sein sollten. Wer Goethe war, wusste er nicht, und der Vater gab ihm auch keine weiteren Erklärungen; so legte er sich die Vorstellung zurecht, es müsse sich um einen sowohl dummen als auch bösartigen Menschen handeln, der eine starke Abneigung gegen Weihnachten besaß.

2

Robert wuchs heran, wurde zu einem stattlichen und wohlproportionierten jungen Mann, der einen mächtig ausladenden Brustkorb hatte und dem man ansehen konnte, dass er eines Tages wohl eine gewisse Fülligkeit annehmen würde – was aber, in Anbetracht seiner Stattlichkeit und Wohlproportioniertheit, nicht von Nachteil sein musste. Im Stimmbruch entwickelte er eine satte und kernige Bassstimme, die aus den Tiefen seines Körpers hervordrang, einen altväterlichen Klang besaß, der über seine Jahre weit hinauswies, und zudem auch noch mit einer angerauten Note versehen war. Unter Tausenden Männern gab es kaum jemanden, der ein so volltönendes Organ hatte, und wer ihn reden hörte, musste unwillkürlich an den Weihnachtsmann denken – auch wenn es gerade Frühling oder Sommer war. Robert freute sich von Herzen, hielt es für einen sinnigen Zufall, dass ausgerechnet er von der Natur mit einer solchen Stimme beschenkt wurde, ja in manchen Augenblicken hielt er es sogar für mehr als einen Zufall.

Bald hatte er seinen ersten Auftritt als Weihnachtsmann in einem Kaufhaus. Seine Aufgabe bestand darin, mit Sack und Rute neben der Eingangstür zu stehen und den Hereinkommenden zur Begrüßung einen freundlich-weihnachtlichen Blick zuzuwerfen. Die Wirkung, die er erzielte, überraschte selbst ihn: Regelmäßig blieben Kunden stehen, um dies wahre Prachtexemplar eines Weihnachtsmannes zu betrachten, und besonders die Kinder hefteten staunende Blicke auf ihn und waren kaum noch von der Stelle zu bringen. Zu den Stoßzeiten entstanden an den Türen regelrechte Stauungen; dann war es Roberts Aufgabe, die Kunden zum Weitergehen zu bewegen, und er tat dies auf ebenso bezwingende Weise, wie er sie zuvor zum Stehenbleiben veranlasst hatte: Er brauchte lediglich majestätisch zu nicken und eine winzige Bewegung aus dem Handgelenk zu machen, schon setzten sich Groß und Klein in Bewegung – den Anordnungen einer derartigen Respektsperson konnte sich niemand widersetzen.

Die Mutter war von der Weihnachtsseligkeit ihres längst nicht mehr kleinen Kindes gerührt, schüttelte den Kopf darüber wie über einen liebenswürdigen, nur zuweilen etwas anstrengenden Spleen. Der Vater hingegen empfand Roberts Verhalten als läppisch, wartete mit zunehmender Ungeduld darauf, dass sich das Unwesen endlich auswachsen, die weihnachtlichen Faxen ein Ende nehmen würden. Als er seinen Sohn wieder einmal dabei ertappte, wie er in voller Kostümierung vor dem Spiegel stand und mit jenem träumerisch-ernsten Ausdruck, der ihm bei solchen Gelegenheiten zu eigen war, sein Bild betrachtete, konnte er sich nicht mehr zurückhalten.

»Was ist eigentlich los mit dir?«, herrschte er ihn an. »Hast du vor, immer ein kleiner Junge zu bleiben?!«

Robert zuckte zusammen und ging, ohne ein Wort zu sagen, aus dem Schlafzimmer. Dass sein eigener Vater nicht verstehen konnte, was in ihm vorging, dass er mit unbemänteltem Widerwillen, ja sogar gehässig auf dasjenige blickte, was für ihn das Schönste war, woran sein ganzes Herz hing, machte ihn traurig. Schon lange wusste er, dass der Vater sich bemühte, ihn zu einem ebenso lebenstüchtigen und phantasielosen Wesen zu erziehen, wie er selbst eines war – und er war entschlossen, sich diesem Plan zu widersetzen. Seine Liebe zu Weihnachten würde niemals enden – die Rolle, die ihm auf den Leib geschrieben war, würde er immer weiterspielen! Im Übrigen war die Bemerkung des Vaters auch dumm, er hatte in seiner Wut nicht richtig nachgedacht: Wieso sollte es eine kleinjungenhafte Betätigung sein, den Weihnachtsmann zu spielen? Dies kam ja gerade den Erwachsenen zu.

In der zweiten Adventswoche schwänzte Robert die Schule und trat vormittags in einem Spielzeuggeschäft als Weihnachtsmann auf. Den erforderlichen Entschuldigungsbrief an den Klassenlehrer schrieb er selbst, indem er, mit großer Sorgfalt und nicht ohne Erfolg, die Handschrift der Mutter nachahmte. Zwar machte sich sein Gewissen störend bemerkbar, doch der Drang, die Weihnachtszeit in vollen Zügen zu genießen, sich keine ihrer Freuden durch die Finger schlüpfen zu lassen, machte ihn tollkühn. Als die Sache herauskam, erging es ihm schlecht. Der Vater verbot ihm, in diesem Jahr noch ein einziges Mal den Weihnachtsmann zu spielen, und versteckte, um jeder Versuchung zuvorzukommen, das Kostüm in einer Kiste auf dem Dachboden. Schwerer hätte er seinen Sohn nicht treffen können: Robert verbrachte das trübste Fest seines Lebens, und bis weit in das neue Jahr hinein konnte er nicht an seinen Vater denken, ohne einen gepressten Atemzug zu nehmen.

3

Robert war immer ein verträumter, untätiger Schüler gewesen, der es nicht fertigbrachte, sich für die Dinge, die im Unterricht dargeboten wurden, zu interessieren. Als er, nicht ohne Verzögerung, die Mittlere Reife ablegte und man ihm vorschlug, dies als einen schönen Erfolg zu betrachten und es mit der Schule gut sein zu lassen, hatte er nichts einzuwenden. Der Vater, der über Beziehungen verfügte, verschaffte ihm eine Anstellung in der Sparkasse des Städtchens; denn es war ihm daran gelegen, dass sein Sohn auf respektable und vorzeigbare Weise ein Unterkommen fand, zudem hatte er die Hoffnung, dass die Arbeit in der seriösen Atmosphäre einer Bank einen wohltätigen Einfluss auf ihn ausüben werde.

Von seinem ersten Gehalt ließ sich Robert ein Weihnachtsmannkostüm schneidern, das besonders aufwändig und geschmackvoll war, die hochgesteckten Ansprüche, die er schon seit Langem hegte, endlich in Erfüllung gehen ließ und sein Gehalt fast vollständig aufzehrte. Der Mantel aus dunkelrotem Samt hatte polierte Messingknöpfe, die wie alte Münzen aussahen; um die Taille spannte sich ein schwarzer Gürtel mit prachtvoller Schnalle, und der Kragen war aus weißem Kaninchenfell gearbeitet. An der Zipfelmütze hing ein Glöckchen, das sich bei jeder nicht ganz verhaltenen Bewegung mit zartsilbrigem Klang hören ließ; schwere Lederstiefel, die beim Gehen ein gediegenes Knarren erzeugten, das zur Melodie des Glöckchens den Grundbass hinzulieferte, rundeten die Verkleidung ab.

Ende November nahm sich Robert einen fünfwöchigen Urlaub, und nun konnte er in vollständiger Ungebundenheit, ohne jemandem für sein Tun Rechenschaft zu schulden, mit der ganzen Energie und Hingabe seiner jungen Jahre, vormittags und nachmittags und abends den Weihnachtsmann spielen.

Einer seiner schönsten Auftritte fand in einem Altersheim statt. Tiefe Stille herrschte in dem festlich geschmückten, von Kerzenlicht vergoldeten Saal, und die alten Leute trauten ihren Augen nicht: Sie hatten sieben, acht oder neun Jahrzehnte durchlebt und konnten sich doch nicht erinnern, jemals einen so prachtvollen Weihnachtsmann gesehen zu haben. Robert hielt eine wohlkomponierte, vom ersten bis zum letzten Wort gelungene Ansprache, bei der er – und auch hierin zeigte sich seine Meisterschaft – die Bassstimme zu größerer Lautstärke anschwellen ließ, um den Schwerhörigen im Publikum das Verstehen zu erleichtern. Mit klingendem Glöckchen und knarrenden Stiefeln ging er zwischen den Tischen entlang und verteilte kleine Geschenke, die ihm die Anstaltsleitung zuvor eingehändigt hatte. Auf den verrunzelten Gesichtern erschien ein Ausdruck von Beseligung, und viele Damen, selbst einige Herren zogen ihre Taschentücher hervor, um sich die Tränen aus den Augen zu tupfen. Die Hinfälligsten, die zu gebrechlich waren, um in den Festsaal zu kommen, suchte Robert in ihren Zimmern auf; sie empfingen ihn im Sessel sitzend oder im Bett liegend, er sprach ihnen tröstende und aufbauende Worte zu, und mancher, dessen Gedanken bereits in Verwirrung geraten waren, hielt ihn für den echten Weihnachtsmann.

Am Ende jedes Auftritts erntete Robert einen kraftvollen, begeisterten Applaus, und wenn er vor einfachen Leuten auftrat, waren auch Bravorufe, langgezogene Pfiffe sowie Fußgetrampel zu hören. Er quittierte dies mit ruhigem, majestätischem Ernst, ließ sich nicht einmal zu der Spur eines Lächelns herbei, denn er wollte auf keinen Fall, auch nicht für eine Sekunde, seine Rolle abstreifen – ähnlich wie ein Schauspieler im Theater, der, wenn er nach der Aufführung vor den Vorhang tritt und die Huldigungen des Publikums entgegennimmt, in seinem Gebaren noch immer die Rolle fortführt, für die er den Applaus empfängt. Das Geklatsche und Gepfeife anzuhören bereitete ihm sogar ein heimliches Unbehagen: Derlei Begeisterungsbekundungen hatten einen unweihnachtlichen Zug, sie harmonierten nicht mit jener Atmosphäre von warmer Festlichkeit, die er durch seine Auftritte gerade erzeugen wollte, zogen das Ganze auf das Niveau einer Zirkusnummer herab. Wenn die Zuschauer auf jeden Applaus verzichtet, ihn nur still und mit beglückten Gesichtern angesehen hätten, wäre es für ihn die höchste Auszeichnung gewesen.

Er bezog eine kleine Wohnung am Stadtrand, und als die nächste Adventszeit kam, tat er alles, um das eigene Heim auf mustergültige Weise zu schmücken, um sich her einen Zustand weihnachtlicher Perfektion zu schaffen. Jede noch so kleine Fläche wurde mit Spieluhren, Nussknackern, Lebkuchenhäusern bestellt, er duldete nur die schönsten Engelsfiguren, Spekulatiusdosen, Herrnhuter Sterne, behängte den Weihnachtsbaum mit so erlesenem und verschwenderischem Geschmack, dass er als Musterexemplar seiner Gattung gelten konnte. Wenn die Mutter beim Schmücken der Zimmer eine gewisse Zurückhaltung gewahrt hatte, sollte es nun, da er sein eigener Herr war, keine Kompromisse mehr geben!

Als Weihnachten zu Ende ging, setzte er all seinen Eifer darein, die festliche Atmosphäre weit über die gewohnte Zeit hinaus zu erhalten, das voranrückende Jahr zu überlisten. Er backte täglich frische Plätzchen und Lebkuchen; war Abend für Abend beschäftigt, die Spieluhren laufen zu lassen, die Figuren der Krippe umherzurücken, Mengen von Mandeln und Nüssen zu knacken; er ging mit der Axt in den Wald und schlug ein zweites Bäumchen, bald darauf ein drittes ...

Als der Februar voranschritt, dämmerte ihm, dass sein Kampf nicht immer weitergehen konnte. Der Nachklang des Festes begann schwächer zu werden, die schöne Stimmung um ihn her verlor an Kraft, von irgendwoher sickerte etwas Unweihnachtliches in die Wohnung ein. Die Utensilien der Festlichkeit veränderten ihren Charakter, sahen mit jedem Tag erschöpfter und gleichgültiger aus; auf rätselhafte Weise schienen sie mit der Außenwelt in Verbindung zu stehen und genau zu registrieren, dass Weihnachten vorüber war. So konnten sie ihre Aufgabe, die Zeit anzuhalten, nicht mehr erfüllen, ja am Ende waren gerade sie es, die ihm durch ihre abgekämpfte Erscheinung vor Augen führten, dass die Zeit ohne Erbarmen voraneilte.

Eines Tages im Vorfrühling resignierte er. Er räumte alle Dekorationen fort (es schien ihm, als sehnten sie sich geradezu danach, in ihren Kisten und Kasten zu verschwinden), und warf das dritte Bäumchen (um das es schade war, denn es sah noch frisch und grün aus) auf den Bürgersteig. Sein Versuch, das Fest in eine schützende Kapsel einzuschließen, in der es durch die unfestliche Zeit reisen konnte, war gescheitert. Dass nicht immer Weihnachten sein konnte, gehörte zu den Bürden seiner Existenz, und er würde wohl oder übel lernen müssen, sie zu tragen.

4

Mit der Arbeit in der Sparkasse konnte Robert sich nicht anfreunden. Von Anfang an war sie ihm gleichgültig gewesen, er ließ sie über sich ergehen wie etwas Fremdartiges, ihn nichts Angehendes. In gleichem Maße, in dem er als Weihnachtsmann nach Perfektion strebte, war er in der Bank ohne Ehrgeiz, begnügte sich mit trübem Mittelmaß und verfehlte selbst dieses. Was er zu tun hatte, brachte er mit der linken Hand, in einem unwandelbaren Zustand verminderter Aufmerksamkeit hinter sich, so wie er seinerzeit die Schule hinter sich gebracht hatte. Es wirkte sich günstig aus, dass die Arbeit keinerlei Schwierigkeiten bot, sodass selbst jemand wie er sie ohne Fehler bewältigen konnte. Das hinderte allerdings nicht, dass er Fehler beging.

Er war das Sorgenkind seiner Vorgesetzten, und in regelmäßigen Abständen musste er sich von ihnen fragen lassen, was denn eigentlich mit ihm los sei, warum er sich so wenig Mühe gebe? Robert hielt diese Frage für berechtigt und dachte lange über sie nach. Doch die Antworten, die er fand, waren für die Ohren seiner Vorgesetzten wenig geeignet, und so beschränkte er sich darauf, lustlos mit den Schultern zu zucken. Auch dies war nicht vorteilhaft für ihn: Er erweckte den Eindruck eines Mannes, der sich selbst dann noch lustlos zeigt, wenn man ihn fragt, warum er lustlos ist.

In der geschriebenen wie der ungeschriebenen Hierarchie der Sparkasse nahm er einen der niedrigsten Plätze ein, und er machte sich keine Hoffnung, je auf eine höhere Stufe zu gelangen. Dies verletzte zwar seinen Stolz, doch zugleich ließ es ihn auch wieder ungerührt – und in seinen selbstbewusstesten Stunden konnte er sogar darüber lächeln. Für die Arbeit in der Sparkasse war er nicht zu gebrauchen, das gab er gerne zu – aber sobald der Advent kam und er den Weihnachtsmann spielte, gab es im ganzen Städtchen, ja wahrscheinlich in ganz Deutschland niemanden mehr, der ihm das Wasser reichen konnte! All die tüchtigen Kollegen, von denen er genau wusste, dass sie kopfschüttelnd auf ihn herabsahen, dass sie hinter seinem Rücken süffisante Bemerkungen über ihn machten, würden vor Bewunderung die Augen aufreißen, wenn sie ihn in seiner wahren Rolle sähen!

5

Mit jedem Jahr verbreitete sich Roberts Ruf, die Zahl seiner Engagements nahm unentwegt zu, im Städtchen und darüber hinaus jagte ein Auftritt den anderen. Es waren hektische und überfüllte Wochen, die alles von ihm forderten, was er zu geben vermochte, und oft war er an einem einzigen Tag an neun, zehn oder noch mehr Orten im Einsatz. Er lebte in einem Zustand festlicher Dauererregung, war mit allen Sinnen und Gedanken bei der einen Sache, schien sämtliche Kräfte über das Jahr hin aufgespart zu haben, um sie in diesen wunderbaren Wochen, denen seine ganze Leidenschaft gehörte, an die er sein ganzes Herzblut hingab, in einem sprühenden Rausch zu verschwenden.

Wenn Weihnachten vorüber war, lagen die kommenden Monate vor ihm wie eine große Leere. Das Schönste war verschwunden, und nichts trat an seine Stelle. Er hatte seine Rolle ausgespielt, der Vorhang hatte sich gesenkt, das Publikum war gegangen. Er fühlte sich als überflüssiger Mensch: Die Welt kam ohne ihn zurecht, es gab nichts mehr, das er ihr schenken, mit dem er sich auch nur einen Fetzen ihrer Aufmerksamkeit erwerben konnte. Sein Leben war zu einem einzigen Hohlraum geworden, und er hatte keine Vorstellung, wie er ihn füllen sollte. Er besaß ein wunderbares Talent, das ihn vor allen anderen Menschen auszeichnete, und doch konnte er keinen Gebrauch davon machen, ja er musste es geradezu in sich verschließen, wenn er sich nicht lächerlich machen wollte.

Der Frühling kam, doch Robert hatte Mühe, sich auf ihn

einzulassen. Das warme Wetter übte nicht etwa eine belebende Wirkung auf ihn aus, sondern versetzte ihn erst recht in gedrückte Stimmung. Zwar unternahm er gewisse Versuche, sich von den Blättchen an den Bäumen, den sprießenden Blumen, und was die Natur sonst noch zu bieten hatte, ansprechen zu lassen, doch der Erfolg war gering. All diese blühenden Monate, von denen es hieß, sie seien die schönsten des Jahres, ließen ihn unberührt. Sie zogen an ihm vorüber wie ein Film, der zwar – das immerhin entging ihm nicht – ein paar hübsche Bilder, die eine oder andere reizvolle Szene enthielt, der ihn aber nun einmal nicht interessierte und dessen Ende er voller Ungeduld, gleichsam auf seinem Kinosessel herumrutschend, herbeiwünschte.

Einmal ging er, an einem blauen Junitag, im Wald spazieren und kam an einer Baumschule vorüber. Hier wurden Tannen und Kiefern gezogen, die später im Jahr als Weihnachtsbäume verkauft werden sollten. Er blieb am Rande der Schonung stehen und betrachtete mit wehmütigem Wohlgefallen, ein kleines Lächeln auf den Lippen, die in Reih und Glied stehenden Bäumchen, die ihre hellgrünen Zweige ins Licht streckten. Sie wuchsen, ohne es zu wissen, dem Weihnachtsfest entgegen, waren dazu bestimmt, eines nicht allzu fernen Tages in die Wohnungen der Menschen einzuziehen, mit Kerzen und Kugeln und Sternen geschmückt zu werden …

Solche freundlichen Phantasien taten ihm wohl. Die Bäumchen zeigten, dass Weihnachten nicht ganz aus der Welt verschwunden war, dass es Orte gab – nicht leicht zu finden zwar, abgerückt vom aufdringlichen Getriebe des

Sommers – an denen sich das nächste Fest im Stillen vorbereitete. Es gab Menschen wie die Gärtner dieser Baumschule, die mit schöner Unbeirrbarkeit auf Weihnachten hinarbeiteten, das ganze Jahr hindurch seine Diener blieben. Er strich mit einer zarten Geste über die jungen, noch weichen Nadeln der Zweige, und während die Sonne warm vom Himmel schien, die Vögel in den Bäumen zwitscherten, durchrieselte ihn, sanft und unwirklich, ein vorweihnachtliches Gefühl.

Im Herbst ging es mit seiner Stimmung aufwärts. Sobald der erste Raureif auf den Dächern lag, die ersten Geschwader von Staren und Gänsen durch den Himmel zogen, entließ ihn die Melancholie aus ihrem Griff. Das Abnehmen der Natur, das Verschwinden der Farben – er begrüßte es mit einem ruhigen und getrösteten Lächeln. Wenn er morgens ans Fenster seiner Wohnung trat und sah, dass die Menschen auf der Straße Handschuhe trugen, gab er sich einem zarten Vorempfinden von Weihnachten hin. Die Langeweile und Gedrücktheit des Sommers fiel von ihm ab, jeden Morgen beim Aufwachen war der erste Gedanke, der ihm durch den Kopf ging, dass sich die Zeit der Ödnis nun ihrem Ende zuneige, und die Freude auf das Kommende wurde zu seiner zuverlässigen Begleiterin durch den Tag.

6

Als einige Jahre vergangen waren, geschah etwas, für das Robert beim besten Willen keine Erklärung finden konnte und das ihn in große Unruhe versetzte: Seine Leistungen als Weihnachtsmann ließen nach.

Früher war er die Souveränität selbst gewesen, hatte noch in den Augenblicken der größten Anspannung die vollkommene Kontrolle über sich selbst und seine Mittel besessen, nie war ihm das Gefühl abhandengekommen, lässig und unanfechtbar über allen Schwierigkeiten zu stehen. Jetzt spürte er hin und wieder die Last seiner Aufgabe, und kleine Schwächen und Patzer schlichen sich in sein Spiel ein, die zunächst nur ihm selbst, noch nicht seinem Publikum auffielen. Mitunter hatte er den verwirrenden Eindruck, hinter seinen eigenen Möglichkeiten zurückzubleiben, er ertappte sich bei Flüchtigkeiten und flauen Augenblicken, die zwar nicht der Rede wert sein mochten, sich nur bei genauem Hinsehen überhaupt entdecken ließen, dann allerdings nicht zu bestreiten waren und seinem Spiel einen Kratzer zufügten.

Zu seiner Beruhigung sagte er sich, dass dergleichen eine Selbstverständlichkeit sei, dass selbst der Beste nicht immer seine äußerste Höhe wahren könne, sich hin und wieder einen Moment der Uninspiriertheit leisten dürfe. Wahrscheinlich waren ihm Kleinigkeiten dieser Art auch früher schon unterlaufen, und erst jetzt begann er, sich ihrer bewusst zu werden – was allerdings bemerkenswert war und zu der Frage führte, ob sich nicht doch etwas geändert habe?

Die Zeit verging, und die Schnitzer mehrten sich. Wenn er am Abend in seiner Wohnung saß und an den Tag zurückdachte, konnte er sich an keinen einzigen Auftritt erinnern, der ohne die eine oder andere Holprigkeit verlaufen war. Sonderbar! Vielleicht hatte er in all den Jahren seine Rolle zu oft gespielt, war sich ihrer allzu sicher geworden und entwickelte eben darum gewisse Unsicherheiten. Sein Spiel hatte womöglich einen mechanischen, überroutinierten Zug angenommen, war in tausend Wiederholungen rund geschliffen worden wie ein Kieselstein. Und wenn er sich dagegen wehrte, wenn er zu seiner alten Frische und Unverbrauchtheit zurückzugelangen suchte, verschlimmerte sich alles nur: Er wurde nervös und verkrampft, seine Bewegungen wirkten forciert, seine Stimme klang gepresst – so spielte er dem Übel, indem er es zu bekämpfen suchte, geradewegs in die Hände. Der Weihnachtsmann musste souverän, mit sich selbst im Reinen sein, das gehörte zum Kern seiner Rolle, er durfte sich durch nichts in seiner erhabenen Ausgeglichenheit beirren lassen – und eben dies geschah nun immer öfter.

Zuweilen machte ihm auch die Einförmigkeit, die unwandelbare und einlullende Monotonie seiner Auftritte zu schaffen. Immer sagte er die gleichen Sätze, machte die gleichen Gebärden, zeigte die gleiche Mimik, trug das gleiche Kostüm. Wie sollte es da ausbleiben, dass er in eine schwunglose Routine geriet, nicht mehr alle Farben und Reize seiner Rolle wie früher herausbringen konnte? Wo gab es das überhaupt, dass ein Darsteller sein ganzes Leben lang, ohne jede Abwechslung, immer ein und dieselbe Rolle spielte? Als Kind hatte er sie gespielt, als Jugendlicher hatte er sie gespielt, als junger Mann hatte er sie gespielt, als gereifter Mann spielte er sie. Gewiss, es war die Rolle, der seine ganze Liebe gehörte und außer der es keine andere für ihn gab; aber dies war ein zweifelhafter Trost, ja es machte seine Lage sogar noch bedrückender: Er war an die Rolle gekettet, würde sie bis ans Ende seines Lebens immer weiterspielen, weiterschleppen müssen, nirgendwo zeigte sich ein Ausweg.

Die Freude am Spiel kam ihm immer mehr abhanden. Er spürte, dass ihn seine Auftritte nicht mehr so packten, mit Haut und Haar gefangen nahmen, wie sie es früher getan hatten. In seiner guten Zeit hatte er den Weihnachtsmann nicht nur gespielt, sondern sich eins mit ihm gefühlt, war mit ihm verschmolzen. Jetzt kam es vor, dass die Rolle sich von ihm ablöste, dass er mitten in einer Darbietung, von einer Sekunde auf die andere, die Verbindung zu ihr verlor – er trat gleichsam neben sich, beobachtete sein Spiel von außen, und was er zu sehen bekam, war keineswegs das, was er gern gesehen hätte, ja im Geiste schlug er die Hände über dem Kopf zusammen.

In winzigen Schritten, mit diskreter Stetigkeit, ließ sein Spiel nach. Wenn ein Auftritt begann, klopfte ihm das Herz unter dem roten Mantel, es war ihm zumute, als lasse er sich auf einen gefährlichen, mit Fallen nur so gespickten Parcours ein, er rechnete mit allen möglichen Fehlern, die ihm an dieser oder jener Stelle unterlaufen könnten – und die ihm dann auch wirklich unterliefen. Zwar hatte er nichts verlernt, sein virtuoses Handwerk stand ihm noch immer zu Gebote, doch jetzt musste er es einsetzen, um all die vielen Pannen zu verbergen oder sie wenigstens nicht für jedermann ins Auge springen zu lassen.

Bald kam noch etwas Weiteres hinzu: Er spürte während seiner Auftritte manchmal eine sonderbare Trauer. Mitten im Spiel, wenn sich hundert Augenpaare auf ihn richteten, wenn er seiner ganzen Energie und geistigen Präsenz bedurfte, erfasste ihn plötzlich ein schweres, banges Gefühl, das wie ein Schwindel war, ihm die Luft zum Atmen abschnürte ... Kein Zweifel, der schlechte Zustand, in dem sein Leben sich befand, das Leiden an seiner verquer eingerichteten Existenz, forderte hier seinen Tribut. Die Melancholie, die ihn das ganze Jahr über niederdrückte, ließ sich nun auch in den Adventswochen nicht mehr bannen. Dass sein Dasein ständig hin und her schwang zwischen der glücklichen, überreichen, wie in einem Wirbel vergehenden Weihnachtszeit und jenen übrigen Monaten, in denen es nichts für ihn gab als zähes Warten, aufgenötigte Leere, stumpfe Langeweile – dies zehrte an seinen körperlichen und seelischen Kräften, und es konnte seiner Kunst nicht zuträglich sein.

Das ganze Glück eines Jahres drängte sich für ihn auf wenige Wochen zusammen. Er lebte in dem Gefühl, dass jeder Tag im Dezember einen unschätzbaren Wert besaß, ihn für all die Entbehrungen und Zurücksetzungen, unter denen er in der übrigen Zeit zu leiden hatte, entschädigen müsse. So gewannen seine Auftritte eine ungesunde, ins Maßlose getriebene Bedeutung: Sie waren das Wichtigste und Größte, das es in seinem Leben gab, voller Gier suchte er ihnen alles zu entreißen, was sie an Freude, an Linderung für ihn bereithielten, dadurch geriet er in einen fahrig-überreizten

Zustand, fühlte einen dumpfen Druck im Kopf und auf den Ohren, Schweißtropfen quollen unter dem Rand der Mütze hervor und rannen in seine Augen …

Zu allem übrigen hatte er das Gefühl, dass der Gang der Zeit sich beschleunigte. Gerade die Weihnachtswochen, deren er so sehr bedurfte, auf die alles für ihn ankam, spulten sich mit unheimlicher Raschheit ab. Kein Monat schien so kurz wie der Dezember! Der erste, der zweite, der dritte Advent – sie rasten nur so an ihm vorüber. Jeden Abend zählte er beklommen an den Fingern ab, wie viele Tage, wie viele Auftritte ihm noch bleiben würden …

Der Beifall der Zuschauer wurde immer trockener. Der Funke sprang nicht mehr über, man hielt ihn nur noch für einen jener amateurhaften Dutzend-Weihnachtsmänner, von denen es im ganzen Lande wimmelte und über die er schon als Kind die Nase gerümpft hatte. Die Zahl der Gesichter, in denen er einen Ausdruck von diskreter Gleichgültigkeit, wenn nicht von unverhohlenem Überdruss las, wuchs und wuchs. Bedrückt dachte er an die Zeiten zurück, in denen er den Applaus des Publikums kühl entgegengenommen, ihn als einen Verstoß gegen die guten weihnachtlichen Gepflogenheiten empfunden hatte; heute sehnte er sich nach ihm, suchte an jedem halbwegs strahlenden Kindergesicht sein verzagtes Selbst aufzurichten. Die abweisende Art von früher schien ihm arrogant, ein seelischer Luxus, der damals schon überspannt gewesen war und den er sich nun keinesfalls mehr leisten konnte.

Noch immer stellte er sich oft vor den Spiegel und betrachtete seine kostümierte Gestalt. Er war nun Anfang vierzig, nach landläufigen Vorstellungen ein Mann in den besten Jahren, und doch missfiel ihm sein Bild. Überall im Gesicht hatten sich tiefe Runzeln gebildet, und die buschigen Brauen hingen ihm, wenn er sie nicht mit dem Kamm daran hinderte, in die Augen herab. Kolossal wölbte sich der Bauch unter dem Mantel, und die Hüften erreichten eine Breite, die mehr als nur stattlich war. Gewiss, dies mochte seiner Rolle zuträglich sein, er sah mit seiner verwitterten Haut, den zottigen Brauen, dem gewaltigen Bauch weihnachtsmännischer aus denn je – aber was half es ihm? In seiner Jugend hatte er oft damit gehadert, dass ihm sein Gesicht so faltenlosfrisch aus dem Spiegel entgegenblickte, hatte sich ungeduldig danach gesehnt, endlich die ersten Runzeln auftauchen zu sehen, und er war überzeugt gewesen, dass dann erst seine große Zeit beginnen würde. Heute herrschte an Runzeln kein Mangel mehr, doch die große Zeit lag lange hinter ihm.

7

Als Robert aus der Sparkasse entlassen wurde, war er nicht überrascht. Seit vielen Jahren schon, oder vielmehr vom ersten Tag seiner Tätigkeit an, hatte er eine Ahnung gehabt, dass es früher oder später so kommen würde. Insgeheim empfand er sogar Erleichterung, denn die Kündigung trug auf eine wenn auch etwas raue Weise dazu bei, die Verhältnisse zu bereinigen, sie hob sein Leben auf eine neue Stufe der Aufrichtigkeit, befreite ihn von den zahlreichen Heucheleien und Blendereien, die er jeden Tag auf sich nehmen musste. Mehr als einmal hatte er sich in seinen Träumen ausgemalt, wie er die ganze vermaledeite Arbeit hinwerfen, die Tür der Sparkasse mit einem theatralischen Knall hinter sich zuschlagen würde. Nun ging dieser Traum in Erfüllung – wenn auch mit der Abweichung, dass nicht er es war, der die Tür zuschlug.

Es war früher Sommer. Robert hatte keinen Wunsch, als die warmen Monate so glimpflich wie möglich hinter sich zu bringen, irgendwie den rettenden Dezember zu erreichen. Er saß die Tage halb ungeduldig, halb mit nervöser Bekümmerung ab, konnte nicht begreifen, wie langsam die Zeit voranschritt, mit welch eigensinniger Zähigkeit das warme Wetter sich erhielt. Die ersten Einschläge von Herbstlichkeit, die sonst als ein unfehlbares Stärkungsmittel auf ihn wirkten, brachten diesmal kaum Besserung. Der erste Frost belebte ihn, ließ seinen Mut steigen, doch nicht genug. Als die große Zeit endlich kam, war er noch immer in bedenklicher Verfassung, fühlte sich so ausgelaugt und mit seinen Reserven am Ende, wie es ihm sonst nur in den ersten Wochen des Jahres zu gehen pflegte.

Er riss alle Kräfte zusammen, stürzte sich in die Adventstage wie in einen Kampf, stand seine Engagements (freilich waren es nicht mehr so viele wie früher) mit zusammengebissenen Zähnen durch. Doch bei jedem Auftritt spürte er, dass er sich der Lächerlichkeit preisgab, dass er wie ein abgetakelter Komödiant, ein Clown wider Willen spielte. Bei Ansprachen geriet er ins Stocken, konnte sich mitten in einem simplen Satz, der seit Jahrzehnten zu seinem Repertoire gehörte, in aussichtsloser Weise verheddern. Wenn er einem Kind über das Haar strich, geriet seine Hand ins Zittern. Stand er vor den Eingangstüren eines Kaufhauses, zogen die Menschen gleichgültig, ohne auch nur einen Seitenblick zu werfen, an ihm vorüber. Trat er in einem Altersheim auf, gab es im Publikum niemanden mehr, der sein Taschentuch an die Augen führte; zu den Hinfälligen, die in ihren Zimmern bleiben mussten, ließ man ihn nicht mehr vor.

Das Ende kam bei der Weihnachtsfeier einer mittelständischen Lederwaren-Fabrik. Als Robert die Bühne betrat, spürte er in seinen Knien, nicht zum ersten Mal in diesen Tagen, ein leichtes Zittern. Der Sack auf seinem Rücken schien ungewöhnlich schwer, zerrte noch heftiger als sonst an seinen ohnehin verspannten Schultern – um sich ein wenig Erleichterung zu verschaffen, musste er den Oberkörper vornüberbeugen. Wie er mit einem kurzen Blick feststellte, war der Saal dürftig und lieblos geschmückt: Nur ein paar Tannenzweige von zweifelhaftem Grün hingen an den Wänden, und der Adventskranz unter der Decke, der im dichten Zigarettenqualm nicht leicht auszumachen war, besaß wahrhaft kümmerliche Ausmaße. Bei Roberts Anblick brachen die Zuschauer in Johlen und Klatschen aus, manche pfiffen auf zwei Fingern, mit angeheiterter Stimme wurde »Jaa!« und »Jui!« geschrien – kein Zweifel, sie machten sich über ihn lustig, hielten seinen Auftritt für eine komische Einlage in einer auch sonst sehr unterhaltsamen Feier.

Nun war Robert es durchaus gewöhnt, gelegentlich in zweifelhaften Sälen und vor unerfreulichem Publikum aufzutreten. Aber früher hatte er die Fähigkeit besessen, im Nu alles zu verwandeln: Sobald er die Bühne betrat, verstummten die Menschen, sogen fasziniert jede Einzelheit seiner Erscheinung ein, und selbst die Derbsten und Fühllosesten gerieten in ergriffene Stimmung … Heute war keine Rede davon. Er stand in würdiger Haltung auf der Bühne, von einem Scheinwerfer angestrahlt, warf unter den Brauenbüscheln hervor majestätische Blicke in die Runde, machte erste weihnachtliche Gebärden – doch niemand ließ sich beeindrucken, die Zuschauer johlten und pfiffen weiter, sie schienen an ihm, je länger sie ihn vor sich sahen, immer mehr Lachhaftes und Verkehrtes zu entdecken.

Robert stieß einen Seufzer aus, den niemand hören konnte, nicht einmal er selbst, und machte eine tiefe Verbeugung, wie er es sonst nur am Ende des Auftritts zu tun pflegte. Dann stieg er von der Bühne herab und ging, ohne einen Blick nach rechts oder links zu wenden, mit langsamen, doch zielstrebigen Schritten, zwischen den Tischen hindurch zum Ausgang. Der Lärm ließ unvermittelt nach, die Zuschauer machten erstaunte Gesichter, konnten nicht verstehen, warum die Nummer schon zu Ende sein sollte, nur ein paar Unverdrossene riefen weiter »Jui jui jui«, jemand streckte den Arm aus und versuchte, den Saum seines Mantels zu fassen …

Als er nach draußen trat, sog er tief und mit Erleichterung die Luft ein. Es war ein schöner und frostklarer Abend, die Kälte tat ihm wohl nach der stickigen, mit Bierdunst versetzten Atmosphäre der Kneipe. Auf den Straßen lag frischer Schnee, am Nachmittag hatte es geschneit, ein paar letzte Flocken wirbelten noch durch die Luft und berührten leise, mit angenehmem Kitzeln, seine Nase. Er ging langsam vor sich hin, mit nicht ganz sicherem Schritt, wechselte manchmal den Sack von der einen Schulter auf die andere, lauschte mit zerstreuter Aufmerksamkeit dem Knarren seiner Stiefel, dem silbernen Ton des Glöckchens. Wie schön war es, durch die Dunkelheit zu schlendern, ohne ein Ziel zu haben, nichts zu tun, als den Blick schweifen zu lassen, die weihnachtliche Atmosphäre des Abends in sich einzusaugen. So würde es jetzt immer sein, nie wieder musste er auf einer Bühne stehen, sich von den Menschen begaffen lassen …

Als er um eine Straßenecke bog, sah er in einiger Entfernung den Marktplatz liegen, in dessen Mitte, schlank und riesig, ein Weihnachtsbaum aufragte. Er war mit Lichtern gesprenkelt, die ihm einen wunderbaren, aus Silber und Gold gemischten Schimmer gaben; die Spitze ragte über die Dächer der Häuser hinaus und schien sich beinahe in den Himmel zu bohren, an dem dünn und fahl, wie von so viel Lichtern eingeschüchtert, die Mondsichel stand. Robert stellte den Sack ab, um ein wenig zu verschnaufen, und zog den Kragen des Mantels enger um seinen Hals, denn vom Markt her wehte ihm ein Wind entgegen; dann versenkte er sich in das prachtvolle Bild, das er in den letzten Tagen, von den vielen anstrengenden Auftritten abgelenkt, noch kaum hatte genießen können.

DIE MARIENBLUME

Legende

I

Das Kloster Mariastetten lag in der Tiefe des Westerwaldes, drei Stunden von der nächsten Siedlung entfernt und so verborgen zwischen den hohen Eichen und Buchen, dass ein Wanderer, der ihm auf dem Waldpfad entgegenschritt, seine Mauern erst aus dem Dickicht hervortreten sah, wenn er schon nahe herangekommen war und fast die Hand nach der Pforte ausstrecken konnte. Nicht viele Klöster gab es, die sich vom Getriebe der Menschen so weit zurückgezogen hatten, und doch war Mariastetten im ganzen Lande berühmt, denn der Herr hatte es mit einer besonderen Gnade ausgezeichnet. In der Kapelle hing eine Marienstatue über dem Altar, und wann immer einer der Mönche des Klosters sterben sollte, löste sich aus dem Lilienkranz, welchen die Muttergottes in Händen hielt, eine Blüte und schwebte auf das Chorgestühl herab, gerade auf den Platz des Todgeweihten. So lange die Aufzeichnungen zurückreichten, hatte jeder Mönch, der sein irdisches Leben hinter den Mauern von Mariastetten verbrachte, drei Tage vor seinem Tode solcherweise ein Zeichen erhalten, dass er sich zum Sterben bereit machen möge.

II

An einem Frühlingstag erwachte Bruder Ekkehard vor der gewohnten Zeit, als noch kaum der erste Morgenschimmer durch das Fenster in seine Zelle fiel. Er erhob sich von seinem Lager und ging in den Garten hinaus. Am Himmel lagen die Nacht und der Morgen im Streit: Noch blinkten die Sterne in der Dunkelheit, doch im Osten, über dem Ziegeldach des Refektoriums, zeigte sich schon ein rotes Glänzen. Die Nachtviolen, die beim Brunnen blühten, erfüllten den Garten mit ihrem Duft; im Holunder stimmte eine Amsel, noch wie im Traum, ein erstes Lied an, und die Fliederbüsche, deren Blätter in dem ummauerten Geviert von keinem Wind geregt wurden, harrten als fahle Schatten des Tages. Ekkehard konnte sich nicht entsinnen, je zu so früher Stunde im Garten umhergegangen zu sein; ein großes Behagen erfüllte sein Herz, und fast hätte er einen Juchzer ausgestoßen, doch hielt er sich im Zaum; denn er fürchtete, der Laut könne an das Ohr eines Mitbruders dringen und ihn aus dem Schlummer wecken.

Er ging in die Kapelle, um ein Morgengebet zu verrichten

und dem Herrn für die Schönheit dieser Stunde zu danken. Noch lag das Gotteshaus in Dämmerung; kaum vermochte Ekkehard den Altar zu unterscheiden, über dem die Muttergottes thronte, und die Seitenschiffe hüllten sich in graue Finsternis. Sein Blick fiel auf das Chorgestühl, und der Atem stockte ihm, denn auf seinem Platz lag eine Lilie. Heiße Angst ergriff ihn, und er musste sich gegen eine Säule lehnen, um nicht zu taumeln. Er hatte sein vierzigstes Jahr noch nicht erreicht, und nie hatte ein Leiden seinen Körper heimgesucht, so fühlte er sich noch zu jung, um von der Erde zu scheiden. Stets hatte er dem Herrn treu und mit allen seinen Kräften gedient; wie konnte es geschehen, dass dieser ihn vor der Zeit abberief? Sollte der Gang durch den Garten, ohne dass er es ahnte, sein letzter gewesen sein? Sollte er nicht mehr sehen, wie der Flieder sich mit Blüten bedeckte, wie die Brombeerbüsche an der Mauer Früchte trugen? Schwer atmend beugte er sich über die Lilie herab, die Gedanken drehten sich in seinem Kopfe, und kaum wissend, was er tat, die Lider senkend, um nicht Zeuge der eigenen Tat zu sein, nahm er die Blüte und ließ sie auf den Platz neben dem seinen fallen. Dann wandte er sich zur Muttergottes, schlug in die Dunkelheit hinein das Kreuz und eilte davon.

Als die Glocke zum Frühgebet rief, versammelten sich die Mönche in der Kapelle. Ekkehard, der die Kapuze tief in die Stirn gezogen hatte, trat als Letzter und mit zögerndem Schritt herein. Sein Nachbar im Gestühl war Friedo, ein junger Bruder, der erst vor kurzer Zeit das Gelübde abgelegt hatte. Die Mönche nannten ihn das Fohlen des Klosters, denn er war frisch und rege, seine kräftigen, noch ungebärdigen Bewegungen gemahnten an das Leben jenseits der Mauern, und obendrein war er hübsch von Angesicht. Als er die Lilie auf seinem Platz erblickte, stieß er einen Klagelaut aus. Die anderen umringten ihn, alle waren von Schrecken ergriffen, sprachen ihm, der gebeugten Hauptes vor seinem Stuhl stand, Trost zu. Auch Ekkehard legte ihm mit trauernder Gebärde die Hand auf den Scheitel, um nicht abseits zu stehen und die Verwunderung der Übrigen zu erwecken.

Nun zog in die Klostermauern jene feierliche, erwartungsvolle Stille ein, die immer herrschte, wenn einer der Mönche seine Blüte gefunden hatte. Alle sprachen mit gedämpfter Stimme, gingen mit bedächtigem Schritt, und niemanden gab es, der Friedo nicht wehmütige Blicke zuwarf. Voller Beklommenheit warteten die Brüder ab, wann sich bei diesem Jüngling, der doch ein so blühendes Ansehen hatte, die erste Schwäche zeigen, auf welche Weise das Unheil über ihn hereinbrechen würde.

Ekkehard wurde von seinem Gewissen gepeinigt. Es überlief ihn heiß, wenn er an jenen Augenblick vor dem Chorgestühl zurückdachte, und er wünschte von ganzem Herzen, er hätte das Leben des armen Friedo geschont. Doch zugleich fürchtete er auch um sein eigenes Leben, und dann gerieten seine Gedanken in Verwirrung. War es ihm gegeben, durch das Verlegen der Lilie den Tod, der ihm selbst bestimmt war, auf das Haupt eines anderen zu lenken? Er horchte in sich hinein, ob er Zeichen von Schwäche bemerke; doch fühlte er sich so stark und bei Kräften wie immer. Dies verschaffte ihm indes keine Erleichterung, denn wenn *ihm* der Tod nicht nahte, musste er dem jungen Bruder nahen. So schwankte er unentwegt hin und her, fiel von einem Schrecken in den anderen: Mal hielt er sein eigenes Leben für verwirkt, dann wieder peinigte es ihn, dass er am Leben bleiben werde.

Es drängte ihn, sich vor den Brüdern zu offenbaren, Friedo für das Unrecht und die Leiden, die er ihm zugefügt, um Vergebung zu bitten; allein er brachte es nicht über sich. War es nicht schon genug, dass alle in Trauer und Niedergeschlagenheit umhergingen – sollte er in den Brüdern auch noch den Ingrimm über eine Missetat wecken? Friedo hätte sich über ihn entsetzt, und alle anderen Brüder mit ihm, das ganze Kloster wäre in Aufruhr geraten. Gewiss war in Mariastetten nie zuvor ein solcher Frevel geschehen. Der Abt hätte die strengste Strafe über ihn verhängt, die in seine Hände gegeben war, nämlich ihn aus den Mauern des Klosters verwiesen, so wie es in der Heiligen Schrift geschrieben stand: Ein räudiges Schaf soll aus der Herde verstoßen werden.

Friedo suchte den Krankenmeister Othmar auf. Dieser gehörte zu den ältesten Mönchen des Klosters, und sein Gesicht, aus dem ein Paar sanfter, kluger Augen hervorblickte, war mit lauter Runzeln bedeckt. Lächelnd pflegte er zu sagen, dass jede Runzel für einen Bruder stehe, der ihn als Leidender in der Krankenstube aufgesucht habe und genesen wieder von dannen gegangen sei. Er war auch der Vorsteher der Apotheke; in hundert Fächern und Säckchen verwahrte er Kräuter, die einen würzigen Duft verströmten, und bereitete aus ihnen heilende Salben und Tinkturen. Er fühlte Friedo den Puls und legte ihm die Hand auf die Schläfen, fand jedoch alles in gutem Stand; so nahe der Bruder dem Tode war, konnte seine Kunst doch nichts an ihm verrichten. So gab er ihm einen beruhigenden Saft aus Salbei, Hahnenfuß und Arnika, und später führte er ihn, wie er es mit allen Leidenden zu tun pflegte, im Garten spazieren. Während sie über den Rasen schritten, sprach er mit sanfter Stimme: »Sieh nur, Friedo, wie die Sonne scheint, ihre Strahlen geben dir Kraft. Und wie lieblich die Blumen duften! Es ist ein Hauch aus dem Paradies, den wir schon hienieden kosten dürfen.«

Um diese Stunde waren noch andere Mönche zugegen, die teils auf den Bänken im Schatten saßen, teils im Kreuzgang auf und ab wandelten. Sie ließen ihre Blicke auf den beiden ruhen; alle waren ergriffen, ja, sie konnten es kaum für wahr halten, dass nicht Othmar, der Greis mit weißem Haar, dem Tode geweiht sein sollte, sondern Friedo, dies Inbild der Jugend und Gesundheit! Friedo hielt die Augen scheu gesenkt und drehte den Strick seiner Kutte zwischen den Fingern; in seiner jünglingshaften Schüchternheit war er befangen, dass so viele Blicke auf ihn gerichtet waren und so viel herzliches Mitleid ihm zuteilwurde.

Auch Ekkehard sah aus dem Kreuzgang zu den beiden hin, und ein eisiger Schauer lief über seinen Rücken. Ihm zur Seite stand Bruder Reginald; dieser war ein rotgesichtiger und schwerleibiger Mann, der immer den Mund geöffnet hielt, denn das Atemschöpfen bereitete ihm Last. Vor Jahren hatte ihn der Schlag getroffen, seither konnte er nicht gehen, ohne sich auf zwei Krücken zu stützen, und bei jedem Schritt schleifte er die Füße über den Boden.

»Die Blumen blühen, die Vögel zwitschern, die Bäume glänzen im Sonnenschein«, sprach er, »und sie alle singen das Lob des Herrn. Tut nicht Friedos frisches Angesicht es ihnen gleich? Verkündet nicht auch er die Herrlichkeit Gottes? Aber ach, nicht lange mehr, dann wird sein Lob verstummen.«

Ekkehard stützte sich mit beiden Händen gegen eine Säule, und kein Wort kam ihm über die Lippen.

»Mir geht es gar übel«, fuhr Reginald fort, »jeden neuen Tag, den der Herr werden lässt, begrüße ich mit einem Seufzen. Mein Leib ist mir eine große Last, und ich sehne mich danach, von ihm erlöst zu werden.«

»Sprich nicht so«, entgegnete Ekkehard. »Magst du auch unter manchen Gebrechen leiden, so ist doch jeder Tag, den du auf Gottes Erde leben darfst, ein Geschenk.«

»Ach! Heute Morgen, als ich von Schmerzen gepeinigt wurde und kaum Atem finden konnte, da habe ich zum Vater gebetet: Nimm mein Leben hin, das nichts als Plage ist, und schone das des Friedo.«

»Hüte dich, Reginald! Das sind unfromme Gedanken. Wer ein schweres Leiden zu tragen hat, so wie du, dem mögen sie wohl zuweilen kommen; aber erwehre dich ihrer und gib ihnen keine Macht über dich!«

»Du sprichst wahr, Ekkehard – unfromme Gedanken! Und doch, wie schwer ist es, sich ihrer zu entschlagen. Fürwahr, der Herr macht es uns nicht leicht.«

Als der dritte Tag gekommen war, nahm der Abt Friedo die Beichte ab. Die Mönche entzündeten Wachslichter in der Kapelle, und jede dritte Stunde versammelten sie sich zum Bittchoral, um die Seele ihres Bruders dem Herrn zu empfehlen. Friedo zog sich in seine Zelle zurück, und zwei

Brüder waren bei ihm, die Psalmen lasen und Gebete sprachen. Noch immer zeigte sich kein Übel an ihm, nur die Bleiche seiner Wangen hatte sich vertieft. Zuweilen irrte sein Blick suchend umher, denn er wusste nicht, wie der Tod sich ihm nähern würde, und so war er seiner gewärtig wie eines tückischen Feindes, der in jedem Augenblick aus jedem Winkel auf ihn zuspringen konnte.

Am Mittag verlangte es ihn, in den Garten hinauszugehen, um sich noch einmal am Licht des Tages zu erfreuen. Eben stand er am Brunnen und legte die Hand über die Augen, denn die Sonne schien kräftig über das Dach des Kreuzgangs zu ihm herab, da entrang sich seiner Brust ein Stöhnen, er drückte mit einer Gebärde des Schmerzes die Faust gegen sein Herz und sank zu Boden. Der Gärtner, der sich an den Sträuchern zu schaffen machte, eilte herbei und fand ihn entseelt.

Man begrub ihn auf dem Friedhof hinter der Kapelle, wo alle Mönche des Klosters ihre letzte Ruhe fanden. Vom Dach des Kapitelsaals läutete die Glocke, die Brüder standen im Kreis um die offene Grube, und wie es dem Brauch gemäß war, legte der Abt die Lilie, die Friedo seinen Tod verkündet hatte, auf den Sarg.

III

Ekkehard ging immer in gramvollen Gedanken umher, und aus seinen Augen war aller Glanz gewichen. So sehr er sich vor dem Tode gefürchtet hatte, fand er doch keine Erleichterung darin, am Leben geblieben zu sein; denn in dem Augenblick, als der Bruder die Hand auf sein Herz gedrückt hatte, war seine eigene Schuld besiegelt worden. Auch schien ihm sein künftiges Leben eine Bürde, die er nur mit großer Mühe würde tragen können, und bis ans Ende seiner Tage, so war er gewiss, würde ihm keine unbeschwerte Stunde mehr zuteilwerden. Manchmal nur, wenn er aus dem Fenster seiner Zelle in den blauen Himmel blickte, oder wenn er beim Mahl im Refektorium saß und einen Becher des roten Würzweins trank, fühlte er eine Helle in seiner Seele, eine verstohlene Freude, dass er noch am Leben sei; doch sogleich wandelte ihn Scham an, dass er solcher Regungen fähig war, und er entsetzte sich über sich selbst.

Bei der Messe in der Kapelle saß er vornübergebeugt, die Stirn auf die gefalteten Hände gestützt. Die Sonne sandte ihre Strahlen durch die Fenster, die farbigen Gläser leuchteten und funkelten um die Wette, und in alle Winkel und Ecken ergoss sich ein Abglanz ihres Schimmers; aber Ekkehard hielt die Augen gesenkt, denn er fühlte sich der Pracht nicht würdig, das Jubeln und Leuchten bereitete ihm Pein. Wenn die Mönche das Tedeum anstimmten, presste er voller Schmerz die Lippen zusammen. Noch hörte er Friedos Stimme neben sich, immer war sie klar und wohltönend an sein Ohr gedrungen, mit größerer Reinheit als die der anderen; jetzt fehlte sie im Chor, die Farbe, welche sie dem Gesang der Brüder hinzugefügt, war erloschen, und alle übrigen Stimmen konnten nicht die eine vergessen machen, die er nie wieder hören würde.

Das Kloster war von einer hohen Mauer umgeben, die stark und trutzig aufragte, nicht anders als die einer Burg. Hinter ihr erhoben sich die Bäume des Waldes, fast bis zur Spitze des Kapellenturms reichten ihre Wipfel hinan, und sie umschirmten das Kloster wie ein grüner Wall. Früher war es Ekkehards Freude gewesen, beim Gang durch den Garten die Mauer und die Wipfel zu betrachten, und voller Dankbarkeit hatte er sich gesagt, dass hinter dieser doppelten Umfriedung sein Leben gegen jedes Unheil geschützt sei. Nun war doch ein Unheil geschehen, mitten im Kloster – und er selbst hatte es heraufbeschworen! Viele Übel auf Erden gab es, vor denen die Mauern und der Wald ihn beschützten – doch gegen ihn selbst besaßen sie keine Macht.

Am Tage tat Ekkehard Dienst im Skriptorium. Er gehörte zu den besten Schreibern des Klosters, kaum einen Mönch gab es, der so gewandt den Federkiel zu führen wusste, und die Initialen und Ornamente, die er auf die Bögen setzte, suchten an Schönheit ihresgleichen. Nun aber ging ihm die Arbeit schlecht von der Hand; immer wieder brach ihm der Schweiß aus, seine feuchten Finger benetzten das Pergament, und manches Blatt, an das er schon große Mühe gewandt hatte, verdarb ihm unter den Händen.

Der Vorsteher der Schreibstube trat zu ihm und fragte voller Sorge: »Was ist mit dir, mein Bruder? Ergeht es dir nicht wohl?«

»Mein Kopf schmerzt mir«, erwiderte Ekkehard. »Und auch ein Schwindel ergreift mich zuweilen, der mir die Gedanken verwirrt. Aber sorget euch nicht, morgen wird es wieder besser gehen.«

In der Nacht konnte er keinen Schlaf finden. Die Hände ringend, ging er in seiner Zelle auf und nieder, wohl tausend Mal machte er die wenigen Schritte zwischen der Tür und seiner Bettstatt, und kaum konnte er in der Enge Atem schöpfen. Einmal war ihm zumute, als rückten die Wände von allen Seiten auf ihn zu und wollten ihn schier zwischen sich zermalmen; da ergriff ihn Angst, und er lief aus der Zelle hinaus in den Garten.

Der Himmel war mit Wolken verhangen, alle Sträucher und Blumen verbargen sich im Finstern; noch manche Stunde würde bis zum ersten Licht des Tages vergehen. Ekkehard wandelte voller Beklommenheit umher, die Kühle der Nacht ließ ihn schaudern, und in der Düsternis, die aus jedem Busch und Baum hervorsah, fand er keinen Trost. So ging er in die Kapelle, um vor dem Altar der Muttergottes ein Gebet zu sprechen.

Auch hier herrschte großes Dunkel, nur eine einzelne Kerze brannte an einer Säule. Langsamen Schrittes ging Ekkehard am Chorgestühl vorüber, und im schwachen Schimmer sah er eine Marienblume liegen. Ein Schrecken erfasste ihn, und mit stockendem Atem trat er näher: Es war der Platz des Daniel. Dieser war der jüngste der Brüder im Kloster, noch jünger, als Friedo gewesen war; erst in einigen Monden sollte er die Weihen empfangen. Ekkehard erschauerte, dass nun wieder ein junger Mensch, der in der Blüte seines

Lebens stand, abberufen wurde. Wie konnte der Herr ein so bitteres Schicksal über Daniel verhängen? Eine Träne rann ihm über die Wange, es schien ihm, dass das Leid, das dem Friedo widerfahren war, sich in Daniel wiederhole. Er wandelte im Schimmer der Kerze umher, durchmaß mit unruhigen Schritten die Kapelle. Da kam ihm der Gedanke, dass er es in der Hand habe, Daniel von seinem Los zu erretten. Dem Friedo hatte er das Leben genommen – dem Daniel konnte er es schenken! Was er sich an Friedo hatte zuschulden kommen lassen, konnte er an Daniel wiedergutmachen! Und ohne sich noch länger zu besinnen, mit rascher Hand, nahm er die Lilie von Daniels Platz und legte sie auf den des Reginald; dann schlug er das Kreuz vor dem Marienaltar und eilte hinaus.

Am Morgen zogen die Mönche in die Kapelle ein, und als Reginald, auf seine Krücken gestützt, die Marienblume auf dem Gestühl liegen sah, senkte er stumm den Blick. Die Brüder umringten ihn, sprachen ihm tröstende Worte zu, boten ihm auch ihre Arme zur Stütze an, denn sie sorgten sich, dass er vor Schwäche zu Boden sinken werde. Ekkehard war der Letzte, der zu ihm trat. Nicht ohne Scheu drückte er seine Hand, und kaum konnte er sich überwinden, ihm ins Angesicht zu blicken. Reginald aber reckte den Kopf in die Höhe, und ein Lächeln glitt über seine Lippen.

Wieder begann die Zeit der Stille und des Wartens. Bruder Othmar gab Reginald einen Saft zu trinken, der aus stärkenden Kräutern des Waldes bereitet war. Am Nachmittag, als die Sonne mild auf das Kloster herabschien, führte er ihn im Garten umher. Reginald fühlte seine Kräfte schwinden, und unter Ächzen, mit erbleichten Zügen, den Mund zum Atemschöpfen aufgesperrt, schleppte er sich an Othmars Seite. Die Mönche folgten den beiden mit ihren Blicken. Alle waren von Herzen betrübt, dass Reginald nun bald von ihnen scheiden sollte; zugleich aber empfanden sie auch einen heimlichen Trost, denn das Bild des Friedo, der in seiner jugendlichen Frische durch den Garten geschritten war, stand ihnen noch lebendig vor Augen. Indem Othmar nun einen Hinfälligen herumführte, der für alle sichtbar das Zeichen des nahen Todes auf der Stirn trug, stellte sich die Ordnung, die einen Stoß erlitten hatte, wieder her.

Am Abend traf Reginald zum zweiten Male der Schlag. Er sank in eine Ohnmacht, die ihn nicht mehr verließ; mit erstarrten Gliedern, das Gesicht vom kalten Schweiß des Todes bedeckt, lag er in der Krankenstube, und am dritten Tage verschied er.

IV

Die schweren Gedanken, die Ekkehard niedergedrückt hatten, wichen von ihm, die Stimme seines Gewissens sprach leiser, und es dauerte nicht lange, bis er in die vertraute Bahn seines Lebens zurückfand. Wenn ihm Daniel in der Kapelle oder auf den Fluren begegnete, ließ er lächelnd die Augen auf ihm ruhen, und sein Anblick schenkte ihm Kraft und Genugtuung. So nahe war Daniel dem Tode gewesen, und er hatte ihn zurückgerissen! Kaum spürte er noch einen Zweifel, dass die Schuld, die er auf sich geladen hatte, durch die

Errettung des Daniel getilgt sei. Zuweilen sah er in der Erinnerung Friedos erschrockenes Angesicht vor sich, als dieser in der Kapelle die Blüte gefunden hatte; wie schmerzlich wäre es gewesen, diesen Ausdruck auch auf Daniels Antlitz zu lesen! Reginald hingegen war nicht erschrocken gewesen; voller Gleichmut, mit einem Lächeln sogar, hatte er sein Los entgegengenommen. Ihm war durch den Tod kein Unrecht geschehen, denn auch ohne Ekkehards Zutun hätte er wohl bald die Marienblume gefunden. Was war das lange, von Dienst und Freude ausgefüllte Dasein, das dem Daniel bevorstand, gegen die kümmerliche, durch Schmerzen vergällte Frist, die dem Reginald noch geblieben wäre? Und hatte dieser nicht selbst nach seinem Tode verlangt, im Gebet den Herrn um Erlösung von seinen Leiden angefleht?

Mitunter spürte Ekkehard noch eine Unruhe in sich, und wenn er beim Mahl im Refektorium die leeren Plätze des Friedo und des Reginald sah, oder wenn er über den Kirchhof ging und sein Blick auf die beiden frischen Gräber fiel, dann merkte er, wie sich ein Gewicht auf seine Brust legte. Doch das regelmäßige Leben, das er mit den anderen Brüdern führte, die eherne Kette aus Pflichten und Aufgaben, die vom Morgen bis zum Abend ausgespannt war, lenkten seine Gedanken ab. Mit großem Eifer oblag er seiner Arbeit in der Schreibstube, verrichtete mit Feder und Pinsel den Dienst am heiligen Wort. Wenn er sich über das Arbeitspult beugte, die gläsernen Farbtiegel vor sich aufgereiht sah: Königsblau, Zinnober, Malachit, Schilfgrün, wenn er seine Feder rasch und geschickt über das Pergament führte: Dann spürte er wieder das Behagen des irdischen Daseins, als sei nie ein Schatten darüber gefallen; ja das Gefühl, dass nicht viel gefehlt hätte, und all dies wäre ihm durch den Tod entwunden worden, machte ihm jede einzelne Stunde noch teurer.

Von Zeit zu Zeit geschah es, dass er in der Frühe, schon mit dem ersten Hauch der Dämmerung, erwachte. Während er noch im halben Schlummer lag, schweiften seine Gedanken in die Kapelle. Er fragte sich, welcher der Brüder wohl als Nächster seine Blüte finden werde? Lag vielleicht schon an diesem Morgen, noch ungesehen in der Dunkelheit, eine Lilie auf dem Chorgestühl? Der Gedanke, dass er wieder als Erster in die Kapelle treten, als Erster die Marienblume finden könne, erfüllte ihn mit einem sonderbaren Schauer. Schließlich wich die Müdigkeit aus seinen Gliedern, und es hielt ihn nicht länger auf dem Lager. Leisen Schrittes, wie jemand, der guten Grund hat, sein Tun zu verbergen, ging er, vorüber an den Zellen der Brüder, die noch im Schlafe lagen, zur Kapelle. Dort kniete er vor dem Altar nieder und sprach ein Gebet, dann ließ er seinen Blick über das Gestühl gleiten. Wenn er keiner Blüte ansichtig wurde, spürte er Erleichterung und Dankbarkeit, denn es hätte ihn betrübt gemacht, wenn wieder ein Bruder hätte sterben müssen. Zugleich aber regte sich in seiner Brust ein Gefühl, dessen er sich schämte; und während er über die stillen Gänge zurück in seine Zelle schlich, war ihm zumute, als habe er seinen morgendlichen Gang umsonst getan.

Nicht viel Zeit verging, da fand er wieder eine Marienblume. Sie lag auf dem Platz des Abtes Innozenz. Dieser stand bei den Mönchen in hohem Ansehen, denn er leitete die Geschicke des Klosters mit bedachtsamer und sicherer Hand. Nie beging er einen unweisen Schritt, und nie hatte ein Bruder ein falsches oder ungerechtes Wort aus seinem Munde gehört. Seine geistigen Gaben überflügelten die der anderen: Als junger Mönch hatte er in Rom Studien getrieben; er stand in brieflichem Verkehr mit Gelehrten verschiedener Akademien, und in seinen Mußestunden trieb er philosophische, mathematische und sonstige Studien. Viele Brüder sagten voraus, dass er der Kirche noch in höheren Ämtern dienen, eines Tages wohl gar das Gewand des Bischofs oder Kardinals anlegen werde.

Ekkehard nahm die Blüte von ihrem Platz. Oft hatte er sich diesen Augenblick in seiner Seele ausgemalt, und nun pochte sein Herz, und in seinen Fingern spürte er ein Zittern. Eine Stimme in seinem Innern gebot ihm, die Blüte zurückzulegen, sich nicht noch einmal zum Herrn über das Leben seiner Brüder zu erheben. Doch eine andere Stimme gab es, die noch lauter und drängender zu ihm sprach; sie hieß ihn, den Abt, der zu Gottes Ehre noch viele herausragende Werke tun konnte, vor dem Tode zu bewahren.

Er schritt am Gestühl entlang und blieb vor dem Platz des Bruders Otto stehen. Dieser litt seit Langem an einer eigentümlichen Schwäche des Verstandes, die das Mitleiden der übrigen Brüder erweckte. Obwohl noch nicht alt an Jahren, brach er häufig in ungeordnete Reden aus, auf die niemand sich einen Reim machen konnte. Es gab Stunden, in denen er nicht mehr wusste, wie sein Name lautete und dass er ein Mönch im Kloster von Mariastetten sei. Auch verirrte er sich auf den Gängen, wusste den Weg zu seiner eigenen Zelle nicht zu finden; dann musste ein Bruder ihn bei der Hand nehmen und führen wie ein Kind. Ekkehard stieß einen tiefen Seufzer aus und legte die Marienblume auf seinen Platz.

Als Otto am Morgen die Lilie fand, betrachtete er sie voller Verwunderung. Er fragte seine Brüder, wie es angehe, dass eine so hübsche Blume auf seinem Platz liege? Dann blickte er zur Marienstatue empor, und in seinen Zügen malte sich Erstaunen, dass die Lilie, die er gefunden, das gleiche Ansehen hatte wie die Blüten im Kranz der Muttergottes. Die Brüder lächelten ihm mit traurigen Mienen zu, sprachen beschwichtigende Worte, und alle hüteten sich wohl, ihn aus seiner Unwissenheit zu befreien.

Am dritten Tage starb er nach kurzem Fieber.

V

Hartwig war der älteste unter den Mönchen. Er hatte sein fünfundneunzigstes Jahr überschritten, und viele Gebrechen des Alters suchten ihn heim. Im Munde trug er keine Zähne mehr, sodass er bei den Mahlzeiten nur noch Suppe und Bier schlürfen konnte. Auch sein Gehör hatte ihn verlassen; daher trug er am Strick der Kutte einen langen Trichter, den er gegen sein Ohr hielt, wenn einer der Brüder mit ihm sprechen wollte. Sein Augenlicht war so schwach, dass er beim Lesen der Bibel ein Lupenglas zur Hand nehmen musste, und wenn er im Kreuzgang umherwandelte, hielt er seine

Hände schützend vor der Brust, um nicht gegen die Wände und Säulen zu stoßen.

Doch immer lag ein zufriedenes Lächeln auf seinem Gesicht, und es war eine Freude, seine Augen zu sehen, aus denen zu jeder Zeit ein warmer und gütiger Blick drang. »Der Herr hat mich hienieden vergessen«, pflegte er in heiterem Ton zu sagen, »so lebe ich fort und fort. Schon viele Brüder habe ich sterben sehen, die jünger waren als ich und von denen ich annahm, dass sie mich begraben würden. Wie seltsam das zugeht! Ich habe mehr Freunde im Himmel als auf Erden.«

Jeden Tag saß er viele Stunden auf einer Bank im Garten, um sich am Licht der Sonne zu erfreuen und Zwiesprache mit den Blumen zu halten. »Wie schade«, sagte er, »dass ich das Singen der Vögel und das Summen der Bienen nicht mehr hören kann. Doch umso größer wird meine Freude sein, wenn ich ins Paradies eintrete und die Engel mich mit einem Choral begrüßen.«

Ekkehard fand die nächste Marienblume auf dem Platz eines Bruders, der in der Bibliothek diente. Er arbeitete mit großem Fleiß und nicht minderem Geschick, und alle schätzten die sorgfältige Hand, mit welcher er die Urkunden und Handschriften des Klosters in guter Ordnung erhielt. Er stand in mittleren Jahren, und noch kein körperliches Übel hatte sich je an ihm gezeigt. So zögerte Ekkehard nicht, die Lilie auf den Platz des Hartwig zu legen.

Als dieser sie fand, hielt er sie dicht vor seine trüben Augen, und in die Heiterkeit seiner Züge mischte sich ein Zug von Wehmut.

»Ach, meine Brüder, nun geht's zum Sterben«, sprach er. »Ein Engel hat dem Herrn ins Ohr geflüstert, dass ich noch immer am Leben bin. Da hat er sich besonnen und mich hinauf in sein Reich gerufen.«

Er verbrachte die letzten Tage lächelnd und ruhig. Im Refektorium sprach er mit Freuden, jedoch ohne das Maß des Guten zu überschreiten, dem Bier und dem Apfelwein zu. Auf der Brunnenbank genoss er die laue Luft des Sommers und versenkte sich, die Lupe zwischen den Fingern, in den Anblick von Gräsern und Blumen. In der Kapelle verrichtete er mit stiller Miene seine Gebete und lauschte, den Trichter am Ohr, auf den Chorgesang der Brüder und die Klänge der Orgel.

Schließlich starb er im Schlummer. Die Brüder fanden ihn am Morgen in seiner Zelle; auf seinen Lippen lag ein glückliches Lächeln, als sei er mitten aus einem schönen Traum in die jenseitige Welt hinübergegangen.

VI

Bruder Anselm, der Novizenmeister, wurde von einem schweren Leiden befallen. Ein Schmerz in der Brust bereitete ihm Pein, und alle Mittel zur Linderung, die Othmar anwandte, Aderlässe, Kräutertinkturen und heiße Waschungen, verfehlten ihre Wirkung. Bald konnte er sich nicht mehr von seinem Lager erheben, und Tag und Nacht presste er die Hände gegen die Brust und wälzte sich unter Keuchen umher. Ein heftiger Husten gesellte sich dem Übel hinzu; mit geöffnetem Mund rang er um Atem, eine unsichtbare Hand schien seine Kehle zu umklammern, und erst wenn er Blut und Schleim hervorgespieen hatte, fand er für eine flüchtige Weile Ruhe. Die Mönche beteten zum Herrn, dass er den Kranken von seinem Leiden befreien möge, und immer saß ein Novize an seinem Lager und hielt die Wache. So gingen etliche Wochen dahin. Anselm war ein Mann von großen Kräften, der Herr hatte ihm einen zähen Körper geschenkt, und so konnte das Leiden ihn nicht niederringen, die Flamme seines Lebens geriet nicht ins Flackern. Tagaus, tagein drangen seine flehenden Rufe aus der Krankenstube, und sein Husten und Stöhnen war bis in die Zellen hinein zu hören.

Ekkehard beschloss, Anselm von seiner Marter zu erlösen. Die nächste Marienblume legte er auf seinen Platz. Die Brüder fanden sie am Morgen und trugen sie in die Krankenstube. Anselm drückte sie mit schwachen Händen an seine Brust und sprach ein Dankgebet.

VII

Bruder Hieronymus war dem Laster des Trunks verfallen. Er diente als Kellermeister; die Weinfässer im Gewölbe unter dem Kloster waren seiner Obhut anvertraut. Auch braute er das dunkle Bier, das die Mönche zur Vespermahlzeit tranken, und brannte einen süßen Likör aus Schlehe und

Wacholder, der nur zu den hohen Festen auf die Tafel gelangte. Wenn er im Gewölbe sein Tagewerk verrichtete, tat er sich immer wieder an den Fässern gütlich, und zu jeder Zeit des Tages konnten ihn die Mönche sehen, wie er mit getrübtem Blick und schwankendem Schritt über die Gänge wandelte. Während der Messe in der Kapelle blieb sein Platz nicht selten leer; zuweilen schlich er als Letzter herein, wenn die anderen schon die Psalmen aufsagten oder den Choral sangen, und dann war sein Kopf so benommen vom Trunk, dass er nur wirr und mit lallender Zunge einstimmen konnte. Einmal geschah es, dass die Brüder ihn vermissten. Sie suchten ihn in seiner Zelle, im Gewölbe und überall sonst im Kloster, fanden ihn jedoch nirgends. Schließlich hörte der Gärtner ein Schnarchen hinter den Fliederbüschen, und er entdeckte Hieronymus auf den Boden hingestreckt, ein Likörfässchen unter dem Arm, das er zur guten Hälfte geleert hatte, und mit besudelter Kutte.

Oft schon hatte der Abt ihn wegen seines lasterhaften Wandels ermahnt und ihm strenge Bußstrafen auferlegt. Wieder und wieder gelobte Hieronymus, sich zu bessern, doch waren dies nur leere Worte; zu mächtig zog der Trunk ihn an, und nie vergingen mehr als drei Tage, bis er von Neuem der Versuchung erlag. So wäre er auf seinem verderblichen Pfad immer fortgegangen, wenn nicht Ekkehard die nächste Marienblume auf seinen Platz gelegt hätte. Als Hieronymus sie fand, gebärdete er sich wie ein Besessener, stampfte mit den Füßen, dass die Kapelle von dem Getöse widerhallte, und schrie der Muttergottes über dem Altar einen wilden Fluch zu. Darauf eilte er in das Kellergewölbe hinab, versperrte hinter sich die Tür und suchte Trost an den Fässern; bis zu seinem Tode fand er nicht mehr zur Nüchternheit zurück.

VIII

Ekkehard wurde eines Morgens in das Zimmer des Abts gerufen. Selten nur erging an einen der Mönche dieses Ansinnen, und stets hatte es eine besondere Bewandtnis damit; so trat Ekkehard nicht ohne Zögern über die Schwelle. Der Abt blickte ihm mild und freundlich entgegen; in seiner Hand hielt er einen entsiegelten Brief.

»Mein Bruder!«, sprach er. »Dies Schreiben hier ruft mich nach Rom. Ich soll in der Präfektur der Kurie dienen, und hierzu bedarf ich eines Schreibers. Willst du mich in die Mutterstadt der Kirche begleiten? Ich schätze deine gewandte Handschrift, auch besitzt du einen wachen Kopf; so wüsste ich mir keine tüchtigere Stütze als dich. Drei Jahre werden wir in Rom zu bleiben haben.«

Ekkehard verneigte sich. »Ich danke Euch, verehrter Abt, dass Ihr mich als würdig erachtet, Euch in dieser Weise zu dienen. Bitte erlaubt mir, dass ich mit mir zu Rate gehe, ehe ich Euch Antwort gebe.«

Auf dem Gesicht des Abtes war zu lesen, dass diese Worte ihn erstaunten und wohl sogar seinen Verdruss weckten; doch machte er eine bejahende Gebärde und entließ ihn.

Ekkehard ging in den Klosterhof, der um diese Stunde

still und verlassen war, und setzte sich in den Schatten einer Linde. So viele Gedanken gingen ihm durch den Sinn, dass er ihrer kaum Herr werden konnte. Er sagte sich, dass er den Wunsch des Abtes nicht zurückweisen dürfe, denn für jeden Mönch war der Wille der Oberen Gebot. Mochte Innozenz sich auch den Anschein geben, als richte er an ihn eine Bitte, so konnte doch kein Zweifel sein, dass er von ihm Gehorsam erwartete. Die Worte des Abtes schmeichelten auch seiner Eitelkeit: In der Schreibstube des Klosters dienten zwei Dutzend Mönche, und aus dieser großen Schar hatte Innozenz gerade ihn zum Helfer erwählt! Nicht weniger lockte ihn der Gedanke, auf eine Pilgerreise zu gehen. Schon seit den Tagen seiner Jugend spürte er die Sehnsucht, einmal mit dem Stab in der Hand durch die Lande zu ziehen, vielleicht sogar über die hohen Alpen gen Süden zu wandern und den Dom des Petrus mit eigenen Augen zu sehen.

Doch seltsam: So lebhaft diese Gedanken auf ihn eindrangen, besaßen sie doch keine Macht über ihn. Sein Wille wehrte sich gebieterisch, mit Innozenz nach Rom zu ziehen; wie mit unzerreißbaren Stricken fühlte er sich an das Kloster gefesselt. In seinem Gebetspult hielt er ein Pergament verborgen, auf dem die Namen dreier Brüder verzeichnet standen. Er hatte sie dazu bestimmt, als Nächste die Marienblume zu finden; denn von allen im Kloster geschah ihnen durch den Tod das geringste Leid und Unrecht. Schon seit vielen Monden verging kein Morgen mehr, an dem er nicht vor den übrigen Brüdern in die Kapelle schlich. Er hielt es für seine Pflicht und rechnete es sich zum Verdienst an, eine gerechte Abfolge in das Sterben zu bringen. Gute Schreiber gab es gar viele! Etliche konnten in Rom einen Sekretär abgeben! Doch um jene andere Pflicht zu erfüllen, gab es niemanden außer ihm! Vor einiger Zeit war er krank gewesen, ein Gliederreißen hatte ihn zwei Tage lang an das Lager gefesselt. Schon diese kurze Spanne war ihm schwer geworden: Immer hatte er in der Frühe an die Blüte denken müssen und sich voller Unruhe umhergewälzt; dass er sich nicht erheben und in die Kapelle gehen konnte, war ihm wie eine Strafe erschienen. Und nun sollte er gar für drei Jahre von Mariastetten fortziehen!

Er begab sich in das Abtzimmer zurück. Innozenz, der an seinem Schreibpult saß, blickte ihm nicht ohne Ungeduld entgegen.

»Verehrter Abt«, sprach er, »ich bitte Euch, einen anderen als mich zu Eurem Begleiter zu erwählen. Viele Jahre sind vergangen, seit ich der Welt den Rücken gekehrt habe. Das Leben jenseits der Klostermauern ist mir fremd geworden; die Anfechtungen und Versuchungen, die auf einen Pilger am Wegesrand lauern, erfüllen mich mit Furcht. Auch ist es um die Kräfte meines Körpers nicht gut bestellt; Ihr mögt Euch erinnern, dass ich vor nicht langer Zeit mit schweren Schmerzen in der Krankenstube lag. So habe ich die anstrengende Wanderung über die Berge wohl zu fürchten, und nicht minder die heiße Sonne und feuchte Luft des Südens. Was wäre Euch ein Diener nütze, der, statt als rüstiger Schreiber an Eurer Seite zu sein, leidend zu Bette läge, wenn nicht gar einen baldigen Tod erlitte? Fürwahr, ich kann Euch keinen größeren Dienst erweisen, als einem anderen Bruder, dem eine kräftigere Gesundheit verliehen ist und der vor den Anfechtungen der Welt weniger Furcht hegt, den Vortritt zu lassen.«

Der Abt schwieg, und er mochte wohl argwöhnen, dass Ekkehard nicht die lautere Wahrheit zu ihm sprach, ja dass sich in seinen Worten sogar ein heimlicher Spott verbarg. Ekkehard indes blickte ihm fest in die Augen, und bei sich selbst dachte er: »Ja, runzle nur die Stirn! Ich werde mich deinem Willen nicht beugen. Du bist in *meiner* Schuld – nicht ich in *deiner*. Mir allein hast du es zu danken, dass du am Leben bist und nach Rom ziehen kannst.«

Schließlich sagte der Abt: »Ich bedaure die Antwort, die du mir gibst, Bruder Ekkehard, doch will ich nicht weiter in dich dringen. Es steht mir zu, dir innerhalb der Mauern dieses Klosters zu gebieten; aber ob du diese Mauern verlassen oder in ihnen verbleiben willst, ist in deine eigene Hand gegeben.«

IX

An einem Wintermorgen trat Ekkehard in die Kapelle. Das Licht des Mondes schien durch die Fenster und hüllte den Altar in einen fahlen Glanz. Es herrschte so strenge Kälte, dass das Weihwasser in den Schalen gefroren war. Ekkehard hatte eine Decke über seine Schultern gebreitet, und in der Hand trug er eine Kerze, um sich den Weg zu erhellen.

Er fand die Marienblume auf dem Stuhl des Bruders Benedikt. Dieser besaß ein zufriedenes Gemüt und erteilte den

Novizen Unterricht im Griechischen und Lateinischen. Er wusste die Freuden des klösterlichen Lebens von Herzen zu genießen, war beleibt vom vielen Essen und nicht wenigem Trinken, und wenn er über die Flure ging, ließ er bei jedem Schritt ein leises Schnaufen hören. Da er in vorgerücktem Alter stand, hatte Ekkehard ihn bestimmt, demnächst seine Lilie zu finden; doch gab es einen anderen Bruder, der um fünf Jahre älter war als er, auch ein schweres Gichtleiden hatte und ihm daher vorangehen sollte.

Eben wollte Ekkehard die Marienblume von ihrem Platz nehmen, da hörte er die Tür der Kapelle gehen. Rasch blies er die Kerze aus und verbarg sich hinter einer Säule. Im Finstern sah er Benedikt, in sein dünnes Nachtgewand gekleidet, mit schleppendem Schritt herankommen. Ekkehard war verwundert, den Bruder zu dieser frühen Stunde schon auf den Beinen zu sehen; auch verdross es ihn, dass er sein frommes Werk an der Blüte nicht hatte vollenden können. Benedikt tastete sich mit ausgestrecktem Arm voran und ging auf das Chorgestühl zu. Als er die Marienblume erblickte, ließ er den Kopf niedersinken, und ein dumpfes Schluchzen drang durch die Stille. Kaum aber war es verklungen, da richtete er sich auf, nahm die Blüte und legte sie auf den Platz seines Nachbarn.

Ein Schauder erfasste Ekkehard, und schnell aus seinem Versteck hervortretend, rief er: »Bruder! Um des Himmels willen! Was tust du?«

Benedikt hob erschrocken die Hände in die Höhe.

»Ekkehard, vergib mir! Seit gestern fühle ich ein heftiges Ziehen in der Brust, und auch eine Ohnmacht hat mich schon angewandelt. Groß ist meine Furcht vor dem Tode. In dieser Nacht konnte ich kein Auge schließen; eine Ahnung quälte mich, dass die Blüte auf meinem Platz liegen würde, und so bin ich hierhergekommen, um sie fortzunehmen.«

Er schnaufte und zitterte in der Kälte, und Ekkehard legte ihm seine Decke um den schweren Leib.

»Ich trauere mit dir«, sprach er, »dass der Herr beschlossen hat, dich zu sich zu rufen. Aber darfst du aufbegehren gegen seinen Willen? Bedenke nur, welch schwere Sünde du begehst!«

Benedikt sah ihm starr ins Auge. Der Mondschein erhellte sein Gesicht, und etwas Unreines, Verworfenes lag in seinem Blick, sodass Ekkehard an sich halten musste, um nicht zurückzutreten.

»Ist es wirklich ein Frevel, Ekkehard, dass ich die Lilie von meinem Platz nehme?«, fragte er.

»Aber gewiss! Wie kannst du daran zweifeln, Bruder?«

»Ich bin der Erste nicht!«

Ekkehard verhielt den Atem. Furcht ergriff ihn, dass Benedikt um sein heimliches Tun wisse.

»Was willst du mit diesen Worten sagen?«, sprach er.

»Ich bin ein alter Mann, Ekkehard, und viel Zeit ist vergangen, seit ich in das Kloster eingetreten bin. So weiß ich von manchem, was sich hier zuträgt und was das Licht wohl zu scheuen hat. Ich gebe dir Brief und Siegel, dass vor Jahren – unser Bruder Othmar die gleiche Sünde auf sich geladen hat wie ich.«

»Benedikt! Hüte dich vor leichtfertigen Worten!«

»Othmar hat es mir vor nicht langer Zeit, als der Wein ihm die Zunge löste, selbst gestanden! Aber damit nicht genug. Bruder Hartwig – unser Ältester. Du weißt, er pflegte stets zu sagen, Gott der Herr habe ihn hier auf Erden vergessen. Doch mancher erzählt hinter vorgehaltener Hand, dies sei nicht der einzige Grund gewesen, dem er seine hohen Jahre zu verdanken hatte.«

Der Mond verschwand hinter einer Wolke. Die Kapelle sank in schwarze Nacht, und mit hohlem Klang drang Benedikts Stimme aus dem Dunkel hervor.

»Noch ein anderes weiß ich zu berichten, Ekkehard. Es ist ein Geheimnis, das nur wenige Brüder kennen, und alle halten es in ihrer Brust verschlossen. Der Abt Innozenz ...«

»Nenne nicht diesen Namen!«

»Warum sollte ich ihn verschweigen? Viele Jahre liegt es zurück, dass die sündhafte Tat sich zutrug. Innozenz war damals in seinen jungen Jahren, und doch schon zum Sub-Prior des Klosters ernannt. Wir anderen Brüder bewunderten ihn ob seines hohen Verstandes, und auch er selbst war stolz auf sich und nicht frei von Hoffart. Doch es gab einen anderen Bruder, dessen Gaben ebenfalls hervorleuchteten, ja, der vielleicht sogar Innozenz in den Schatten stellte. Er hieß Konrad. Zwischen den beiden war eine heimliche Gegnerschaft, sie wetteiferten um die Ehre, der Erste im Kloster zu sein. Eines Morgens nun fand Innozenz die Marienblume auf seinem Platz. Sein Erschrecken war groß; und weil er sich mit dem Tod nicht abfinden wollte, auch danach trachtete, sich des lästigen Rivalen zu entledigen, so legte er die Blüte auf den Platz des Konrad.«

Ekkehard kehrte sich ab und ging mit gesenktem Haupt, kaum seines Weges im Finstern achtend, zur Kapellentür. Benedikt aber rief ihm nach:

»Schweig, Bruder, ich bitte dich! Lass dies ein Geheimnis sein zwischen dir und mir! Bei der Barmherzigkeit des Herrn!«

X

Seit diesem Tage mied Ekkehard in der Morgenfrühe die Kapelle. Seine Brüder waren ihm unheimlich geworden, in den Zügen eines jeden suchte er nach Zeichen von Verstellung und Heuchelei, und keinen gab es mehr, mit dem er freundlichen Umgang pflegte. Er nahm ein einsilbiges Wesen an, sprach nur noch die nötigsten Worte, und meist ging er so still und in sich gekehrt einher, als lebe er nicht in einem Kloster unter lauter Mönchen, sondern abgeschieden in einer Klause des Waldes.

Wenn er dem Othmar begegnete und dieser ihn mit mildem Lächeln begrüßte, krampfte sich sein Herz zusammen: Das gleiche Lächeln hatte er demjenigen geschenkt, dem er zuvor in der Kapelle den Tod bereitet! Wenn die Mönche zur Messe zusammenkamen, einer neben dem anderen im Gestühl sein Gebet sprach, ließ er den Blick über sie schweifen und fragte sich, welcher unter ihnen sich wohl an der Blüte vergriffen haben mochte. Wenn die Sonne durch die Fenster fiel und farbige Lichter auf die Häupter der Brüder warf, kam ihm das Wort aus der Heiligen Schrift in den Sinn:

Der Herr lässt seine Sonne aufgehen über die Bösen wie über die Guten.

Oft fühlte er sich jetzt matt und kränklich, und sein Angesicht nahm eine fahle Färbung an. Es war ihm zumute, als niste in seinem Körper ein heimliches Leiden, und nicht selten saß er im Garten und suchte Trost am Sonnenschein und am Gezwitscher der Spatzen, wie es sonst nur die Alten taten. Der Dienst im Skriptorium fiel ihm schwer. Das Behagen des Schreibens war ihm abhandengekommen, die Stunden am Pult schleppten sich hin, und immer wieder legte er den Federkiel beiseite, beugte seinen Kopf über das Pergament und verharrte mit geschlossenen Augen.

In den Nächten hatte er angstvolle Träume. Die Bilder der gestorbenen Brüder erschienen ihm: Er sah Friedo neben dem Brunnen zur Erde niedersinken, sah Otto, wie er mit kindischem Lächeln, den Kopf voller Staunen hin und her wiegend, die Marienblume in seinen Händen hielt. Einmal hörte er im Traum, wie Hieronymus mit seiner rauen Stimme ihm eine Verwünschung zurief: Er schreckte von seinem Lager auf, blickte angstvoll um sich, und noch lange schien der Fluch von den Zellenwänden widerzuhallen.

Die Zeit ging dahin, und eines Tages kehrte Abt Innozenz nach Mariastetten zurück. In der Heiligen Stadt war ihm eine Auszeichnung zuteilgeworden: Der Papst hatte ihn zum Bischof ernannt. Er fuhr am Kloster in einer Kutsche vor, die von drei stattlichen Pferden gezogen wurde; ein Reiter in Helm und Waffenschmuck gab ihr das Geleit, und hinterdrein folgte ein Fuhrwerk mit Gepäck und Vorräten. Statt der braunen Kutte, in der er fortgezogen war, trug Innozenz ein feines weißes Gewand mit rotem Saum. Er machte für einige Tage in Mariastetten Halt, um seinen Brüdern die frohe Nachricht zu überbringen und von den Anstrengungen der Reise auszuruhen; danach wollte er weiterziehen in die Bischofsstadt.

Am Abend ließ er im Kapitelsaal ein Festessen auftischen: gebratene Wachteln, Eiersuppe mit Aal, dazu einen süßen malvasischen Wein. Alle Brüder waren in freudiger Stimmung, es erfüllte sie mit Stolz, dass ein Mönch aus Mariastetten, ihr vertrauter Bruder, in Rom zu solchen Ehren gelangt war, und sie genossen das Mahl und den reichlich ausgeschenkten Wein. Das Klappern der Teller, das Klingen der Gläser, das Lachen und Reden hallte durch das Gemäuer. Nur Ekkehard saß mit verdüsterter Miene da. Der Anblick des hohen Gastes, der in prächtigem Habit den Kopf der Tafel einnahm und sich von einem Küchendiener die Speisen reichen ließ, war seinem Herzen zuwider. Wenn Innozenz zu einem der Brüder sprach, meinte er, in seiner Stimme einen lügnerischen Ton zu hören, und sein gütiges Antlitz schien ihm wie eine Maske, hinter der sich die Züge eines Heuchlers verbargen. Es grämte ihn, dass so großes Aufhebens um einen Unwürdigen gemacht wurde; und nicht ohne Bitterkeit sagte er sich, dass er selbst es gewesen war, der seinerzeit die Hand dazu geliehen hatte.

Noch in derselben Nacht befiel Ekkehard ein Scharlachfieber. In seinen Eingeweiden wütete es wie ein Brand, und ein heftiger Durst, der sich nicht stillen ließ, zehrte ihn aus. Die Mönche versammelten sich am Morgen in der Kapelle und sangen Bittchoräle, und zu jeder Stunde beteten sie zum Herrn, dass er ihren Bruder vom Tode erretten möge. Doch das Fieber brannte immer fort, und Ekkehards Kräfte fielen rasch dahin. Als zwei Tage und Nächte vergangen waren, fanden die Mönche die Marienblume auf seinem Platz im Gestühl. Sie trugen sie in die Krankenstube. Der Fiebernde war so schwach, dass er kaum die Hand nach ihr ausstrecken konnte. Er bat, den Abt herbeizurufen, damit er vor ihm die Beichte ablege.

Innozenz trat in die Stube. Ekkehards Angesicht war mit Schweiß bedeckt, und seine Stimme klang so matt, dass der Abt sich über das Lager beugen musste, um seine Worte zu verstehen. Ekkehard bekannte ihm alle seine Sünden: dass er die Marienblume, die ihm selbst den Tod verkündet, auf den Platz des Friedo gelegt; dass er auch dem Reginald, dem Otto, dem Hartwig, dem Anselm und dem Hieronymus den Tod gebracht; aber dass er all dies nicht aus bösem Willen getan habe, sondern um ein gutes Werk zu verrichten.

Innozenz blickte ihn mit strenger Miene an.

»Du hast schwere Sünde auf dich geladen, Bruder Ekkehard.«

»Die Versuchung ist über mich gekommen, verehrter Abt, und meine Kräfte waren nicht groß genug, ihr zu widerstehen. Doch bin ich nicht der Einzige, der solcherweise gesündigt hat; manchen Bruder gibt es in Mariastetten, der ebenso schwach war wie ich.«

Innozenz hob mahnend die Hand, die den Bischofsring trug.

»Lass dich nicht zu unbedachten Worten hinreißen, Ekkehard!«, sprach er. »Erhebe nicht Anklage gegen deine Brüder, um dich selbst reinzuwaschen vor dem Herrn!«

Ekkehard atmete schwer, ein Keuchen drang aus seiner Kehle, und kaum konnte er die Lider geöffnet halten über den brennenden Augen; doch sein Geist war klar.

»Wie könnte ich mich reinwaschen, verehrter Abt? Der Herr richtet einen jeden von uns nach dem Maß seiner eigenen Schuld. Er wird die Sünden, die auf mir lasten, gerecht wägen – so wie die Sünden der anderen auch.«

Das Gesicht des Abtes erbleichte.

»Mein Bruder, führe keine verleumderischen Reden! Dein Ende ist nahe. Bald wirst du vor den Herrn hintreten, um ihm Rechenschaft zu geben über dein irdisches Tun. Willst du in dieser Stunde neue Schuld auf dich laden?«

»Wie könnte ich Schuld auf mich laden, wenn ich die Wahrheit spreche?«

»Ekkehard! Halte deine Zunge im Zaum! Die Beichte ist eine Gnade des Herrn. In ihr sollst du deine Sünden bekennen, auf dass du von ihnen losgesprochen wirst. Du jedoch weist diese Gnade zurück; denn du begehst, indem du beichtest, neue Sünde.«

»Auch du, Bruder Innozenz, bist schuldig.«

»Schweig! Das Fieber schwächt dich! Es verwirrt deine Gedanken!«

Der Abt machte einige rasche Schritte in der Krankenstube auf und ab; sein Atem ging so heftig, dass er das Röcheln des Sterbenden übertönte. Dann blieb er vor der Bettstatt stehen, beugte sich über Ekkehards Ohr herab und sprach mit leiser Stimme:

»Alles, Bruder, was auf Erden geschieht, ist der Wille des Herrn. Nichts begibt sich hienieden – nicht das Kleinste und nicht das Größte –, ohne dass er es bestimmt hat. Dies gilt auch für die Taten der Menschen, die seine Geschöpfe sind. Der Herr weiß, was du in deinem Herzen bewegst, er kennt alle deine Taten, noch ehe du sie vollbringst – und er fügt sie in seine Pläne. Wenn du die Lilie auf den Platz eines Bruders legst, so hat er es vorausgesehen, und es ist sein Wille, dass dieser Bruder sie finden möge. Wie könnte es anders sein? Über die Stunde, in der ein jeder von uns zu sterben hat, entscheidet Gott allein. Wie solltest du es vermögen – du, ein schwacher Mensch –, über einen deiner Brüder den Tod zu verhängen? Wie sollte dir die Macht verliehen sein, in das von Gott bestimmte Geschick einzugreifen? Allein dass du die Vermessenheit besessen hast, dies zu glauben, war deine Sünde!«

Mit letzter Kraft zog Ekkehard den Atem ein; seine vom Fieber ausgedörrten Lippen öffneten sich, doch kein Wort drang mehr aus ihnen hervor. Innozenz schlug mit rascher Hand das Kreuz über ihm und ging hinaus.

DER ENTFESSELUNGSKÜNSTLER

Arturo war der strahlendste Stern am Himmel der europäischen Varietés. Wo immer er auftrat, brachte man ihm staunende Bewunderung entgegen, denn wie kein anderer beherrschte er die Kunst, sich selbst aus den engsten und gnadenlosesten Fesselungen zu befreien. Wenn je ein Artist es in seinem Fach zur Meisterschaft gebracht hatte und das Gefühl des Triumphes, der künstlerischen Erfüllung genießen durfte, so war er es; und doch trug er ein Leid mit sich herum, das immer an seiner Seele nagte und von dem keiner seiner jubelnden Bewunderer eine Ahnung besaß.

Arturos Auftritte nahmen immer den gleichen Gang, der seit Jahren wohlbewährt war und gerade wegen seiner Schlichtheit desto bezwingender wirkte. Arturo steht, von Scheinwerfern angestrahlt, in der Mitte der Bühne. Eine Assistentin im Rüschenkostüm führt aus den Sitzreihen einen Zuschauer herbei, der sich freiwillig bereit erklärt hat, die Fesselung vorzunehmen. Die Assistentin reicht ihm ein Seil an – ein langes, kräftiges Seil, das bereits durch seine Länge eine gründliche Fesselung verheißt und an dessen Unzerreißbarkeit niemand zweifeln kann. Der Zuschauer schlingt es um Arturos Körper, indem er, zuerst langsam und verlegen, dann mit wachsender Sicherheit, um ihn herumgeht, bis das Seil in seiner vollen Länge abgewickelt ist und in zwei Knoten, von deren Festigkeit die Assistentin sich überzeugt, in Arturos Rücken endet. Jetzt folgen, als Draufgabe, noch drei kürzere Seile, auch sie werden, eines nach dem anderen, um Arturo geschlungen und verknotet. Im Publikum verbreitet sich Stille; selbst wer von Arturos Fähigkeiten die höchsten und zuversichtlichsten Vorstellungen besitzt, kann unter dem Eindruck der vierfachen Fesselung nicht anders, als sein Scheitern für ausgemacht zu halten.

Nach getaner Arbeit tritt der hilfreiche Zuschauer beiseite, und ein Trommelwirbel setzt ein. Arturo steht auf der Bühne wie ein riesenhaftes, verpupptes Insekt, nur sein Kopf blickt aus der dicken Umwickelung hervor, und unten sind die kläglich aneinandergepressten Füße mehr zu ahnen als zu sehen. Eine Weile steht er still, scheint sich darein zu ergeben, dass ihm jede Bewegung verwehrt ist, dann fängt er an, sich unter dem Panzer aus Seilen zu regen. Seine Schultern arbeiten mit geschmeidiger Kraft, er windet sich in den Knien und Hüften, alle Glieder seines Körpers geraten in Bewegung, sie dehnen und biegen und strecken sich, immer rascher zerrt er an der Verpuppung, seine schlangenhaften Windungen steigern sich ins Leidenschaftliche, Rasende, Wütende – und plötzlich fallen alle Seile, wie von unsichtbaren Messern durchschnitten, zu Boden, sie schnellen geradezu von ihm ab –, frei und entbunden steht er da, reißt mit grandiosem Schwung die Arme ins gleißende Licht, die

Zuschauer erheben sich von ihren Plätzen und brechen in Jubeln und Klatschen aus, dies ist der Moment des höchsten Triumphes –

Ja, des Triumphes, so scheint es. Doch der Schein – er verbirgt etwas, das niemand sich träumen lässt. Während Arturo an den Bühnenrand tritt, mit eleganten und routinierten Verbeugungen für den Beifall dankt, der kein Ende nimmt, fühlt er Schwermut, ein Gefühl würgenden Überdrusses in sich aufsteigen, und er muss all seine Künstlerdisziplin zusammenraffen, um ein Lächeln auf seinen Lippen zu wahren. Er leidet darunter, wie leicht es ihm fällt, wie zum Lachen und zum Verzweifeln leicht, die Fesseln von sich abzustreifen. Was ihm, in den getäuschten Augen seiner Bewunderer, die Aufbietung sämtlicher Kräfte, ein höchstes und letztes Maß an Kunst abverlangt, ist in Wahrheit die geringste Sache von der Welt – keine Fesselung vermag ihm standzuhalten, selbst das längste Seil, der festeste Knoten sind ihm eine Farce. Er sehnt sich danach, nur ein einziges Mal so gefesselt zu werden, dass ihm – selbst ihm – keine Befreiung möglich ist. Die Zuschauer feiern seinen Sieg über die Fesseln – doch er verlangt nach der *einen*, immer wieder ausbleibenden Fesselung, die *ihn* besiegt. Erst diese Niederlage würde ihn wieder lehren, Respekt vor den Seilen zu haben; erst sie würde ihm den Geschmack am Kampf mit der Umschlingung, den Stolz auf seine Kunst zurückschenken.

Diesen Kummer nährte Arturo viele Jahre hindurch. Trügerischer Glanz umgab ihn, die unwissende Welt wurde nicht müde, ihn mit Lob zu überhäufen, und nur er selbst konnte nicht auf sich blicken, ohne Melancholie, ja sogar heimliche

Geringschätzung zu empfinden. Eines Tages jedoch, nach einer schweren und schlaflosen Nacht, kam ihm ein Gedanke, der alles verwandelte. Klar und einfach war dieser Gedanke, von jener beinahe unwirklichen Selbstverständlichkeit, die allen großen Lösungen zu eigen ist; und sogleich wusste Arturo, dass er die Freude an seiner Kunst, die er seit so langer Zeit verloren hatte, endlich wiedererlangen würde.

Bei der nächsten Vorstellung trat er in ungeduldiger Erwartung auf die Bühne. Schon wird ein Zuschauer von der Assistentin herbeigeführt, ein junger Herr mit linkischem Gebaren, und Arturo begrüßt ihn voller Herzlichkeit, schüttelt ihm beide Hände wie einem ersehnten Wohltäter. Der Herr beginnt, das Seil abzuwickeln – und Arturo tut, was er noch nie getan hat, seit er seine Kunst ausübt: Er raunt ihm, zwischen den Zähnen, mit gepresstem Flüstern, sodass die Zuschauer ihn nicht hören können, Anweisungen zu. Der erstaunte Herr lauscht, und aus Befangenheit oder weil er meint, dies alles müsse so sein, führt er Arturos Befehle aus. Unter den Armen, zwischen den Beinen, um die Hüften zieht er das Seil, und *eine* Umschlingung fällt raffinierter und erbarmungsloser als die andere aus. Mit genauen Worten weist Arturo ihm selbst die kleinsten Bewegungen an, denn er allein weiß, welche Fesselung unwiderstehlich ist. Wie ein lebendiges Werkzeug geht der Herr um ihn herum, und unter seinen unwissenden, doch gehorsamen Händen wird die Farce, die Arturo nicht länger zu ertragen vermag, zum Ernst!

Jetzt tritt der Herr beiseite, und Arturo steht, regungslos und mumienhaft, im Licht der Scheinwerfer. Die Trommel setzt ein, er macht erste, noch zaghafte Bewegungen in den

Schultern, in den Hüften – und sogleich spürt er, was zu spüren er gehofft hat: dass es kein Entrinnen für ihn gibt. Sein Körper dreht und spannt und windet sich, er nimmt alle Kräfte zusammen und reißt und zerrt und wuchtet, doch jede Mühe ist vergeblich, die Fesseln halten stand, der Panzer gibt nicht nach. Was immer seine Kunst vermag – es wird zuschanden an *diesem* Gegner, der er selber ist. Ein Lächeln gleitet über seine Lippen, und immer strampelnd und hüpfend und drehend, weidet er sich an dem Gefühl seines Scheiterns. Schon bemerkt er, wie seine Glieder zu zittern beginnen, wie ein Schwindel seinen Kopf ergreift, doch kein Wunder – zu lange schon ist er das Siegen gewöhnt, als dass ihm das Kämpfen nicht schwer werden sollte. Er reißt noch einmal alle Kräfte zusammen, vollführt eine letzte Windung, in die er all seine Kunst hineinlegt, mit der er früher jede Fesselung besiegt hätte – dann kippt er ohne Halt zur Seite. Die Zuschauer empören sich über die Darbietung, springen von ihren Plätzen in die Höhe, brechen in Schreien und Pfeifen aus ...

Als die Kapelle einen Marsch anstimmt, um die Wut des Publikums zu besänftigen und zu übertönen, eilen zwei Arbeiter herbei und tragen Arturo von der Bühne. In der Kulisse wartet bereits, mit entfärbtem Gesicht und die Hände vor der Brust ringend, der Varieté-Direktor. »Arturo!«, ruft er, und seine Stimme klingt verzweifelt und anklagend zugleich, »Arturo, wie kann das sein?!« Doch aus dem dicken Bündel der Seile und Knoten dringt keine Antwort hervor, und während die Arbeiter ihn weiterschleppen, genießt Arturo, ein seliges Schimmern in den Augen, den größten Sieg, der ihm je zuteilgeworden ist.

INHALT

Der Mann mit den zwei Daumen   7
Ich verlange eine Aussprache   19
Aufzeichnungen eines Käfersammlers   29
Wie man nicht berühmt wird   79
Die unsichtbare Frau   85
Die Kleider des Mondes   121
Tod des Professors   125
Der Ausbruch   145
Aufstieg und Fall eines Weihnachtsmanns   151
Die Marienblume   179
Der Entfesselungskünstler   213